高等院校公共基础课规划教材

论文写作

杜永红　秦效宏　梁林蒙　编著

清华大学出版社

北　京

内 容 简 介

　　本教材以论文写作过程为主线，以案例分析为切入点，系统介绍了论文写作的思维方法、研究内容、写作规范与要求，以及如何进行论文的投稿与再修改，同时，还介绍了学位论文开题报告、学位论文的撰写，以及课题申报书的撰写等。本书理论知识体系清晰，逻辑结构严密，难易程度适中，实践知识体系内容完整，提供丰富案例与技术层面的写作指导，每个独立章节之间既有独立性又有机统一。全书共有10章，分别是论文写作概述、论文选题与标题命名、文献阅读与文献综述、学术修辞、论文谋篇布局与论证、论文引言和结语撰写、论文摘要和结语撰写、论文摘要和关键词撰写、学位论文开题与写作、课题申报书的撰写、论文投稿与发表等。本教材结合当前高等教育的迫切需求，突出理论性与实用性，既吸收了已有理论研究成果，同时尽可能将经济与社会领域出现的新变化、新问题整理融入教材中，力求将论文写作与课题申报过程的系统性与先进性呈现给读者。

　　本书配套的电子课件、教学大纲和习题参考答案可以到 http://www.tupwk.com.cn/downpage 网站下载，也可以通过扫描前言中的二维码下载。

图书在版编目(CIP)数据

论文写作 / 杜永红，秦效宏，梁林蒙编著. —北京：清华大学出版社，2021.1（2025.1重印）
高等院校公共基础课规划教材
ISBN 978-7-302-56547-5

I. ①论… II. ①杜… ②秦… ③梁… III. ①论文—写作—高等学校—教材 IV. ①H152.3

中国版本图书馆 CIP 数据核字(2020)第 187322 号

责任编辑：胡辰浩
封面设计：周晓亮
版式设计：孔祥峰
责任校对：马遥遥
责任印制：沈　露

出版发行：清华大学出版社
　　　网　　址：https://www.tup.com.cn, https://www.wqxuetang.com
　　　地　　址：北京清华大学学研大厦 A 座　　　　邮　　编：100084
　　　社 总 机：010-83470000　　　　　　　　　　邮　　购：010-62786544
　　　投稿与读者服务：010-62776969, c-service@tup.tsinghua.edu.cn
　　　质 量 反 馈：010-62772015, zhiliang@tup.tsinghua.edu.cn
印 装 者：三河市少明印务有限公司
经　　销：全国新华书店
开　　本：185mm×260mm　　　　印　　张：12.25　　　字　　数：283 千字
版　　次：2021 年 1 月第 1 版　　　印　　次：2025 年 1 月第 10 次印刷
定　　价：79.00 元

产品编号：086960-02

前　言

　　论文是一种用来表述科学研究成果的文章体裁。写作论文时要从选题原则、前人研究基础、资料积累与运用、研究方法、谋篇布局、论证逻辑与规范等方面进行准确把握。论文的选题要以问题为导向，有一定的理论或实用价值；标题的命名要精准且言简意赅，能够起到画龙点睛的作用；要充分了解前人研究基础，对相关性强的文献进行梳、理、评、研；要明确论文的核心观点，以此统合论文的论点；要进行科学合理的谋篇布局，并以一以贯之的写作线索将各部分有机衔接；论证要逻辑合理、思路清晰，用妥当的论据来证明研究论点；要遵循论文发表自身的规律，最终选择合适的期刊投稿并发表；在撰写学位论文开题报告、学位论文和课题申请书时，要遵循"研究目标新颖，研究问题明确，研究思路清晰，研究内容翔实，研究方法科学，研究计划可行"的原则。

本书学术价值

　　本教材以论文写作过程为主线，以案例分析为切入点，系统介绍了论文写作的思维方法、研究内容、写作的规范与要求，如何进行论文的投稿与再修改，以及毕业论文开题报告和课题申请书的撰写等。本书理论知识体系清晰，逻辑结构严密，难易程度适中，实践知识体系内容完善，提供丰富案例与技术层面的写作指导，每个独立章节之间既有独立性又有机统一。本教材结合当前高等教育的迫切需求，突出理论性与实用性，既吸收了已有理论研究成果，同时尽可能将经济与社会领域出现的新变化、新问题整理融入教材中，力求将论文写作与课题申报过程的系统性与先进性呈现给读者。

本书编写特色

1. 系统性

　　本教材全面和系统地介绍了论文写作及课题申报的整个过程，反映了新时代论文写作、课题申报的新要求与新变化。全书内容有机统一，又独立成章。

2. 准确性

　　本教材主题鲜明、内容丰富、深入浅出，对具体问题的陈述力求语言简练、准确，对相关案例的介绍生动、形象，能满足不同层次的读者群体的学习需要。

3. 务实性

本教材在内容编排上不仅注重基本理论的讲述，而且注重案例分析，使得理论学习更加生动直观，写作实践更加形象具体，从而有效提升学生的论文写作水平。

4. 前瞻性

本教材不仅注重国内外科学研究领域的新动态、新进展、新理论的介绍，同时，注重引导学生去思考如何结合社会与经济发展面临的现实问题和发展趋势进行选题与研究。

为了便于读者学习与参考，本教材提供配套电子课件、教学大纲及习题的参考答案。

本书由杜永红、秦效宏、梁林蒙、高欣等编著。全书共分为 10 章，由杜永红总体策划，各章编写人员及其分工如下：杜永红编写第 1 章、第 2 章、第 3 章和第 8 章，秦效宏编写第 4 章和第 5 章，梁林蒙编写第 6 章、第 7 章和第 10 章，高欣编写第 9 章，全书由杜永红总纂。

本教材在编写过程中，得到了赵景峰教授、陈玉仑教授、程茂勇教授、王智新教授的帮助，还参考了大量同类教材、著作和期刊等，限于篇幅，恕不一一列出，特此说明并致谢。由于受资料、编者水平及其他条件限制，书中难免存在一些不足之处，恳请同行专家及读者指正。我们的电话是 010-62796045，邮箱是 992116@qq.com。

本书配套的电子课件、教学大纲和习题参考答案可以到 http://www.tupwk.com.cn/downpage 网站下载，也可以通过扫描下方的二维码下载。

编　者
2020 年 10 月

目　录

第一篇　概述

写作是一项重要的社会技能，尤其是在现代社会。拥有良好的写作能力，往往意味着拥有更有效的社会沟通能力，拥有更好的工作机会。写作本身还会促使人们思考，梳理琐碎、繁芜的社会现实，让人们能够更有条理地进行沟通与表达，进而提升自身的抽象思维能力。

第一，写作帮助人们记忆。

第二，写作帮助人们彼此理解、达成共识。

第三，写作帮助人们形成知识理论。

第1章

论文写作概述

乡村振兴战略背景下网络扶贫与电子商务进农村研究

本文发表于《求实》2019(03): 97-108，作者：杜永红.

论文研究问题的来源：

2016年11月29日，习近平总书记指出，要实施网络扶贫行动，推进精准扶贫、精准脱贫，让扶贫工作随时随地、四通八达。

2017年中央一号文件首次将"推进农村电商发展"单独陈列，文中明确提出要"深入实施电子商务进农村综合示范工作……"

2018年9月26日，中共中央、国务院印发的《乡村振兴战略规划(2018—2022年)》提出："深入实施电子商务进农村综合示范……"

因此，在乡村振兴战略的大背景下，精准扶贫与电子商务进农村的有机结合是一个值得研究的课题，论文选题由此形成。

论文摘要： 乡村振兴战略的首要任务是深入实施精准扶贫与精准脱贫，而电子商务进农村正是促进精准脱贫攻坚与乡村振兴有机结合的重要手段。贫困地区获取资源与发展的能力弱，资源配置效率低，电子商务进农村发展存在着制约瓶颈。因此，应大力实施农户联合与经济协作，为农业一体化奠定基础；统筹规划大数据下的农产品生产，解决农产品同质化问题；优化农产品品牌战略，调整农业生产方式与产业结构；形成线上线下融合流通生态，有效解决"卖难"问题；面向广大小散农户，健全农业质量追溯体系；建立统一开放电子商务市场，完善农村物流服务体系；发展农村普惠金融，改善农村金融服务；构建农村电子商务公共服务体系，服务百姓惠及民生；打通"互联网+贫困户"的教育渠道，加快电商人才培训，推动电子商务进农村的快速发展。

学习目的:

1. 了解论文的概念;

2. 了解论文的分类;

3. 了解论文的作用;

4. 掌握论文写作过程。

1.1 论文的概念

古典文学中"论"这样一种文体,即论说文。当代,论文常用来指描述各个科学领域的研究成果的文章。因此,将论文定义为某一学术课题在实验性、理论性或预测性上具有新的科学研究成果或创新见解和知识的科学记录,或是某种已知原理应用于实际中取得新进展的科学总结,用以在学术会议上宣读、交流、讨论或学术刊物上发表,或用作其他用途的书面文件。例如:经济研究工作者发表在《经济研究》期刊上的论文(《经济研究》由于综合影响因子和复合影响因子较高,被认为是经济学领域的权威期刊,如图1.1所示);或教育研究工作者发表在《教育研究》期刊上的论文(《教育研究》由于综合影响因子和复合影响因子较高,被认为是教育学领域的权威期刊,如图1.2所示)。

图1.1 《经济研究》

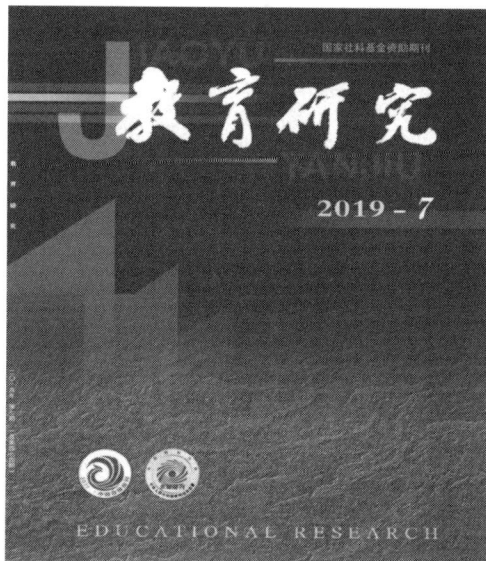

图1.2 《教育研究》

1.2 论文的分类

1.2.1 按论文的用途分类

1) 学位论文

学位论文是本科(学士)、研究生(硕士、博士)等不同层次学历教育为对本专业学生集中进行科学研究训练而要求学生在毕业前撰写的论文。一般安排在修业的最后一学年进行。学生须在教师指导下,选定课题进行研究,撰写并提交论文。目的在于培养学生的科学研究能力;加强其综合运用所学知识、理论和技能解决实际问题的训练;从总体上考查学生大学阶段学习所达到的学业水平。一般来说,学士学位论文要求字数为 1 万左右,硕士研究生学位论文要求字数为 4 万左右,博士研究生学位论文要求字数为 10 万左右。

2) 期刊论文

期刊论文发表在公开出版发行的杂志期刊上,这些杂志拥有国内外正规刊号,可在国家新闻出版署网上查到,可用于职称晋升等用途。

3) 会议论文

会议论文是指在会议等正式场合宣读的首次发表的论文。会议论文是属于公开发表的论文,一般正式的学术交流会议都会出版会议论文集。会议论文一般只能作为职称评定、科研考核参考。

1.2.2 按写作语言分类

1) 中文类论文
中文类论文是指写作语言为中文的论文，可投稿至中文类期刊以及国内学术会议。
2) 外文类论文
外文类论文主要是指写作语言为英文的论文，可投稿至英文类期刊或国际学术会议。

1.2.3 按研究方法分类

1) 综述研究论文
综述研究论文通过对已发表材料的组织、综合和评价，以及对当前研究进展的考察来澄清问题。在某种意义上，综述论文具有一定的指导性，包括以下内容：对问题进行定义；总结以前的研究，使读者了解研究的现状；辨明文献中各种关系、矛盾、差距及不一致之处；建议解决问题的后续步骤。
主要的方法是：首先对已发表的文献观点进行分类，然后对每一类进行点评，最后有一个总体的结论。

例如：专利、技术创新与经济增长—— 一个综述，发表于《华东经济管理》2019(08)：152-160，作者：温军，张森.

2) 定性研究论文
定性研究论文是针对实证研究方法而言，将问题的性质阐明，但不能量化，也就是不能建立数学模型进行量化的研究。
主要的方法是：提出问题，分析原因，解决问题。

例如：返贫预警机制构建探究，发表于《中国特色社会主义研究》2018(01)：57-63，作者：范和生.

3) 定量研究论文
定量研究论文将问题数学化，通过数字结果比较直观地看出研究的意义。以《经济研究》期刊为例，其大多采用计量经济学的实证分析。
主要的方法是：提出假设，实证分析，得出结论，提出建议。

例如：数字经济、普惠金融与包容性增长，发表于《经济研究》2019(08)：71-86，作者：张勋，万广华，张佳佳，何宗樾.

4) 案例研究论文
案例研究论文针对特定而典型的事件、问题或工作，对其进行剖析、反思、归纳、总结，进而提炼出对策或建议。

　　主要的方法是：提出问题，分析案例，得出结论。

　　例如：绿色供应链成本管理信息化的实施路径——基于伊利集团的纵向案例研究，发表于《管理案例研究与评论》2019(04): 431-448，作者：颉茂华，王娇，刘远洋，殷智璇.

1.3　论文的作用

　　论文必须以理服人，以增加人类知识为最终目标，论文一般是要追求理论贡献的，它需要阐明所讲概念的内涵与外延，阐明各个概念之间的关联，在不同情况下概念的变异以及它们的相关条件、机制后果等。

　　论文的作用包括以下几个方面：

- 记录新的科研成果，论文是推动学术研究的有效手段；
- 促进学术交流、成果推广和科技发展；
- 为政府、企事业单位献计献策；
- 考核作者知识、科研水平的重要载体之一。

　　例如："一带一路"背景下的境外国有资产审计监管研究，发表于《会计之友》2018(24): 113-118，作者：任芳，高欣. (后全文转载于《审计文摘》(2019 第 2 期)中，如图 1.3 所示，可为审计机构对加强境外国有资产审计监管提供思路。)

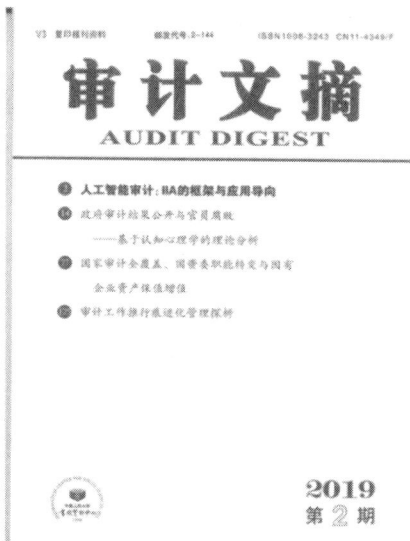

图1.3　《审计文摘》(2019第2期)

1.4 论文的写作过程

论文不同于一般的杂文、游记或评论，是一种用来表述科研成果的文章体裁。论文写作应从选题原则、资料积累与资料运用，以及研究的原则与方法、论文写作规范等方面进行认真把握，主要包括以下几个方面：

- 论文的开始，也就是选题，如何选题？选题后如何进行论文标题的命名？
- 如何下笔？从哪下笔？
- 应该查看哪些参考文献？哪些参考文献的内容可以被引用？
- 论文的引言怎么写？
- 论文的文献综述怎么写？
- 论文的写作线索是什么？
- 论文的框架结构怎么确定？
- 论文最后怎么结尾？
- 论文完成后，如何投稿？
- 录用后，如何进一步修改论文的写作内容？

论文的写作过程如图 1.4 所示。

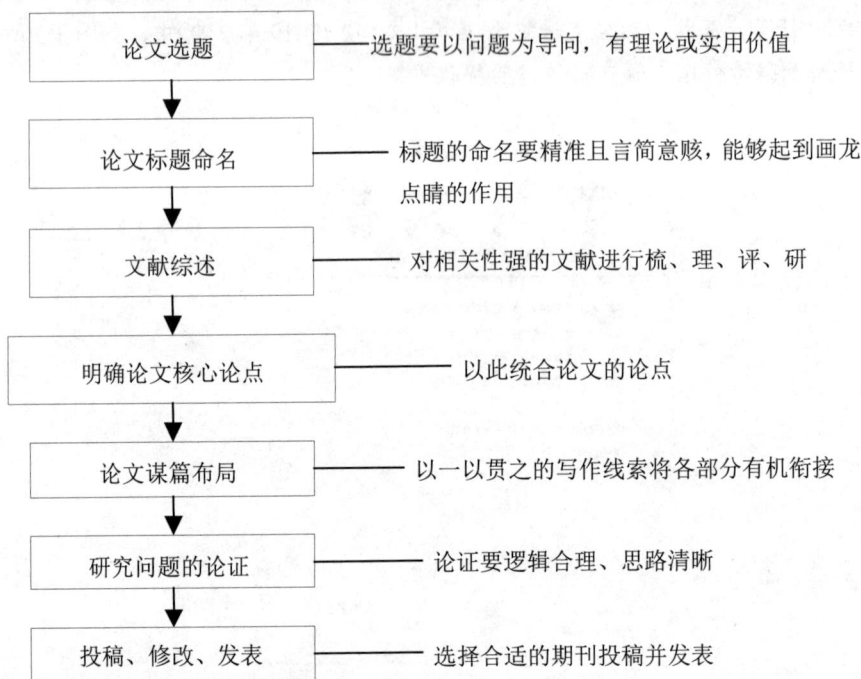

图1.4 论文的写作过程

本章小结

　　本章首先介绍了论文的概念，然后又讲述了论文的分类、论文的作用，以及论文的写作过程，重点要掌握论文的分类与论文的写作过程。

思考与练习：

1. 按论文研究方法分类，论文分为哪几种？请阅读相关的论文。
2. 简述论文写作的过程，并阐述要注意哪些问题。

第二篇 论文选题

选题是指经过选择来确定所要研究的中心问题，从广义上讲，选题包括两方面含义，一是确定科学研究的方向；二是选择研究的对象或问题。

第一，选题是科研工作的起点。

第二，选题是一项重要的研究工作。

第三，选题是科研人员才能的体现。

第2章

论文选题与标题命名

📖 **案例导读**

跟踪国内外社会热点问题，撰写相关选题的系列文章

　　文章作者杜永红，多年来关注精准扶贫与乡村振兴，伴随着精准扶贫、精准脱贫进程，陆续撰写多篇关于精准扶贫与乡村振兴方面的文章，并出版了相关选题的专著，如表2.1所示。

表2.1　以"精准扶贫与乡村振兴"的关注热点撰写系列文章

论文或专著名称	发表期刊或出版社	时　间	关注热点问题
大数据背景下精准扶贫的审计监督全覆盖研究	《会计之友》	2017(20)	利用大数据将精准审计融入精准扶贫的事前、事中和事后阶段，发挥审计的评价监督作用，将促进精准扶贫的有效实施
大数据背景下精准扶贫绩效评估研究	《求实》	2018(02)	大数据是精准扶贫中精准识别的基础；大数据是精准扶贫中精准分析的支撑；大数据是精准扶贫中精准评估的依据
乡村振兴战略背景下网络扶贫与电子商务进农村研究	《求实》	2019(03)	乡村振兴战略、精准扶贫与网络扶贫有效融合；网络扶贫与电子商务进农村有效结合；电子商务进农村对网络扶贫具有促进作用
乡村振兴战略下的贫困地区可持续性发展研究	专著，天津大学出版社	2020(04)	乡村振兴与脱贫攻坚存在着以内容共融、作用互构和主体一致为特征的关联关系，乡村振兴可借鉴脱贫攻坚的有效经验实现稳步发展；脱贫攻坚能够利用乡村振兴机遇实现成果巩固和纵深发展

学习目的：

1. 了解论文选题好的标准；

2. 了解论文选题的来源；

3. 掌握论文选题的七大原则；

4. 掌握论文标题的命名。

2.1 论文选题好的标准

选题是论文写作过程的首要环节和核心步骤之一，至关重要。它不仅决定着论文写作的主要方向和目标，而且在一定程度上规定了论文写作的方法和途径。衡量一个科研人员的科研能力和论文撰写能力，首先要了解其能否选择有价值的课题。"题好文一半"，即选准、选好了研究课题，等于论文写作成功了一半。怎样的选题才算是一个好的选题呢？

2.1.1 富有时代性

如何把握选题的时代性？

1) 分析形势，把握论文选题的方向

要关注世界、中国，关注地域经济、政治、文化、社会发展的走势、动态，做到视野开阔、胸有大局。

2) 聚集社会与经济的某个热点

所谓聚焦社会与经济的某个热点，就是要把分析形势进一步落实在具体的某个热点问题上。

例如：习近平总书记在党的十九大报告中指出，从现在到 2020 年，是全面建成小康社会的决胜期。聚焦热点是"全面奔小康"还有哪些问题难以解决？其中，精准扶贫与精准脱贫，以及建立健全稳定脱贫长效机制是一个值得研究的问题。

案例分析2-1：全面建成小康社会后我国城乡反贫困的特点、难点与重点

本文发表于《改革》2019(05): 29-37，作者：白永秀，刘盼.

论文核心是反贫困的战略重点应集中在新贫困标准的制定、反贫困产业的可持续发展、城乡一体化反贫困体系的建立、农民工市民化配套设施的完善四个方面，以巩固脱贫攻坚成果，实现共同富裕。

2.1.2 具有导向性

课题来源于问题。提问是选题的前提。提不出问题，也就无题可选。提问就是将自己所思考的问题变成学术问题。因此，以问题为导向，是科学研究的最根本、最内在，也是最持久的推动力。

论文选题的问题包括两个方面：一是社会问题，二是科学本身发展的问题，这是选题策划的重要依据和出发点。因此，应从重大理论问题和现实问题的结合切入，这是论文选题的最佳路径。论文选题的价值主要包括科学理论价值与实际应用价值两个方面。

(1) 科学理论价值是指选题要有创见、有新意、有特色，要有一定的先进性，是作者在对专门性的知识进行积累并加以深入探讨和系统研究基础上的劳动结晶，具有一定的理论高度和普遍意义。

(2) 实际应用价值是指选题应是现实生活中急待解决的问题，此类选题大多同物质文明和精神文明建设密切相关，社会需要，群众关心，研究目标明确，选准问题并加以解决，就会带来大的经济和社会效益，为国家和人民做出巨大贡献。

对于论文作者而言，要"敢于"从自己生活和工作中遇到的困惑出发，提出问题。个人经验是一个人思考和研究的起点，要从经验出发，用自己的眼睛去发现问题。

2.1.3　体现针对性

问题精确，即方向准确，内容具体；顶天立地，即理论顶天，现实落地。

(1) "小"。选题要足够小，以小见大，循序渐进。其实选题是不怕小的，总能够"小题大做"。所谓"小"，是指切入点要小，小到你可以把握的范围。所谓"大"，是指视野要大，从小问题讲出大道理。

(2) "清"。对于所要研究的选题，自己要确实想清楚了，或者至少知道，自己确实能够研究清楚。某个题目值得写是一回事，但这个题目我能不能写又是一回事。

(3) "新"。选题要有点新意。对于一个新手来说，千万别碰前人已经研究过好几十年的题目。"新"，既可以是新材料、新问题，也可以是新方法、新视角。退而求其次，是提出新观点，也就是给老问题以新的回答，还可以先是"题中选新"，从众多题目中选择最"新"的问题开始，继而"新中选清"，研究新颖领域中更为熟悉清楚的问题，最后是"清中选小"，选择能够驾驭的问题，做到以小见大、察微知著。

2.1.4　具有可行性

论文选题时，既要考虑客观需要、社会价值，考虑论题研究的必要性，还要考虑开展研究、进行论文写作的主观条件、客观条件，考虑完成研究和写作的可行性。

(1) 要考虑自己的专业特长与优势，专业特长是一项很重要的主观条件；

(2) 要有浓厚的兴趣，兴趣使人产生强烈的好奇心和求知欲望；

(3) 要考虑自己的能力与水平，选择范围大小、难易程度适中的论题；

(4) 考虑客观条件，诸如资料、时间、使用设备、器材、科研经费等。

概括而言，选题应满足以下几个条件：体现专业特点，符合本人兴趣，选题所需资料能够查找到，选题自己能够驾驭，选题能够给予自己发挥的空间。

2.2 论文选题的来源

2.2.1 选题与调研的关系

先调研再选题，还是先选题再调研？如图 2.1 所示。

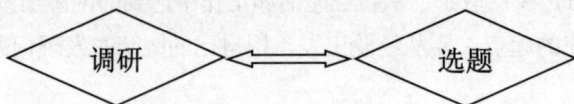

图2.1 调研与选题的关系

1) 调研

调研即调查研究，是指研究人员在理论指导下，在与研究对象的直接接触中，通过有效和可靠的调查方法，取得有关研究对象的原始资料并对其进行处理和分析，以准确地把握研究对象的性质、特点、发展、可能的变化和有关的影响因素。

2) 先调研后选题

在着手撰写论文之前，一般都是先调研再选题。对于高校大学生而言，毕业论文调研通常安排在实习阶段进行。学生在实习过程中，通过收集大量资料和熟悉实际业务流程，根据实习单位的要求和自己的具体情况，结合所学专业自拟课题或从教师拟订的课题中选择一个，这种选题针对性和实用性较强，减少了选题的盲目性。

3) 确定调查研究的方向，如图 2.2 所示。

图2.2 调查研究的方向

1) 适用性

选择调查研究的问题时要考虑其实用价值与学术价值，使之能回答和解决实际工作或学科领域中的实际问题。

2) 适应性

确定研究方向时要充分认识和估计自己的知识储备及专业能力，同时考虑自己的专长和兴趣，使所选定的研究方向、难易程度都与自己的知识积累、分析问题和解决问题的能力相适应。

3) 创新性

只有创新，写出的论文才会有灵魂。学生可以从如下途径去确定研究方向：

(1) 从交叉学科领域定方向；

(2) 从不同学科间可能存在的联系定方向；

(3) 从不同学者的争论中定方向;

(4) 从实践中定方向。

4) 教师指导

在教师的指导下,学生可以少走弯路,尽快地掌握科学研究的方法,同时能及时发现选题中出现的问题,以保证选题、调研、写作等各项工作的顺利开展。

2.2.2　选题的来源

1) 从实习业务中产生

案例分析2-2:硕士研究生的毕业论文《精准扶贫基层审计工作机制研究以XA市CA区为例》

选题来源: 作者在实习时进入XA市审计局农业与资源环保审计处,参与的实习项目是精准扶贫专项审计工作。在实习工作中,作者发现精准扶贫领域知法犯法、顶风作案的事件频繁发生。公共权力领域和民事领域的滥用权力、不作为等问题较为突出,究其原因,主要在于精准扶贫的审计工作机制不够完善,导致精准扶贫审计缺乏可遵循的标准,针对此种情况,应进一步完善精准扶贫基层工作机制,于是学生的毕业论文选题由此形成。

论文主要研究方法: 案例研究法。以实习工作中参与的 XA 市 CA 区审计局精准扶贫专项审计项目为切入点,深入分析精准扶贫审计查处的问题、产生的原因,提出建立精准扶贫基层审计工作机制以及实施建议。

2) 从会议征稿中产生

学术会议征稿一般分为国内学术会议征稿与国际学术会议征稿,在会议召开之前会发布会议征稿指南,可从中选择具体的一项,进行论文拟题。

例如: 第二届"互联网与数字经济论坛(2020)"征文启事

一、征文选题指南(包括但不限于)

1. 网络与数字经济的统计与测度

2. 网络与数字经济的消费与生产

3. 网络与数字经济的市场与交易

4. 网络与数字经济的产权与合约

5. 网络与数字经济的组织与协调

6. 网络与数字经济的财政与金融

7. 网络与数字经济的宏观增长效应

8. 网络与数字经济的公共政策与福利效应

9. 网络与数字经济的创新效应

10. 人工智能、万物互联等互联网与数字科技前沿的经济学分析

11. 网络经济学的前沿进展

12. 大数据经济学的前沿进展

3) 从期刊征稿指南中产生

例如：《国际金融研究》2019 年征稿启事

重点关注以下选题：

1. 全球贸易摩擦
2. 货币政策传导与独立性
3. 金融对外开放
4. 全球金融治理与改革
5. 人民币汇率
6. 资本账户开放与资本流动
7. "一带一路"与国际合作
8. 金融风险与金融安全
9. 商业银行经营与金融监管
10. 金融科技与监管科技
11. 公司金融

4) 来源于课题研究

课题研究基本程序主要包括制定课题研究方案、研究课题开题、实施课题研究和进行课题总结。依据课题研究内容，撰写研究成果是实施课题研究的一个重要环节，以书面形式呈现，即著作、论文、研究报告等。

案例分析2-3：国家审计参与全面从严治党的可行性及路径选择

本文发表于《财会月刊》2019(06)：3-178，作者：冯均科.

选题来源：国家社会科学基金项目"基于国家治理视角的'审计清单'与审计整改效果研究"(项目编号：17BJY032)

2.3　论文选题七大原则

案例分析2-4：返贫预警机制构建探究

本文发表于《中国特色社会主义研究》2018(01)：57-63，作者：范和生.

本文的价值所在：学术界现有关于返贫的研究大多局限在返贫现象发生之后的治理层面，而不能兼顾到返贫发生之前，忽视了前期预防的重要性。治理返贫的源头在于预防，这就需要建立针对性强、行之有效的返贫监测预警机制。而在返贫治理中，关于返贫预警机制构建的研究鲜有人涉足。返贫预警旨在加强对返贫的先期预防，返贫预警处理得当，会大大减少返贫现象的发生，降低后期的返贫治理难度，可以说是治理返贫的基础性工程。

本文为省、市、县等各级政府部门打赢脱贫攻坚战提供了较好的理论依据和应用策略，2018—2019 年，各级政府扶贫机构纷纷出台《防范返贫分级预警机制实施办法》。

2.3.1　有用性原则

在学术市场中，只有富含一定价值的学术产品，才能在市场中存活下去。同其他类型的产品一样，学术产品要能够在实际生活中满足人们的社会需求，那么它必须有用。具体而言，学术作品要能够帮助人们更好地认识和理解这个世界，为改变世界奠定知识基础。

选题之前，你可以问一问自己：会不会至少有一个读者因为我的研究而受益？

案例分析2-5：联合审计对完善我国审计监管机制的启示

本文发表于《现代审计与经济》2019(02)：10-15，作者：杜永红.

本文的价值所在：随着经济与社会的发展，加强企业财务风险防范和治理企业舞弊迫在眉睫。由于职场舞弊行为隐秘，审计抽样风险不可避免，内部审计独立性、权威性差，会计师事务所未勤勉尽责或注册会计师实施审计舞弊等问题，导致审计不能及时有效发现舞弊行为。

本文提出：为了提升审计质量，进一步完善我国审计监管机制，可借鉴欧洲倡导的联合审计，逐步推行与审计轮换制并举的审计制度，加强内部审计与外部审计的协同合作等。

2.3.2　公共性原则

米尔斯在《社会学的想象力》中告诫后来者：学术研究一定要区分个人困扰与公共议题，因此，论文一定要能够解决公共困扰问题。

例如，有一个农村的朋友陈述了这样一个事实："我家哥哥为娶嫂子，彩礼花费 15 万元，婚礼花费 5 万元，盖新房、买家具花费 30 万元，合计 50 万元，一场婚礼将家里'洗劫一空'，全家存款花完，还欠债 30 万元。父母已年近六旬，却为偿还巨债，外出打工，爷奶已逾八旬，均身患疾病，现在没钱看医生。"这是什么，个人抱怨，不符合公共性原则。

而《乡村振兴战略下的贫困地区可持续性发展研究》(专著，作者：杜永红，2020 年 4 月由天津大学出版社出版)一书是这样陈述这一现象的："从因婚返贫方面看，贫困地区'天价彩礼'有愈演愈烈之势。娶媳妇成了贫困家庭脱贫奔小康路上的拦路虎，不少贫困户'办事时喜气洋洋，办完事哀声连连'，导致快速返贫。"

2.3.3 经验性原则

研究者应该选择那些具有个体独特生命体验和领悟的题目，只有具备个体经验的支撑，研究才能做得新颖、深入并有价值，研究也才能够有持久的内在动力。

很多研究者试图选择一个宏大、时兴的主题，客观说，这些选题更容易发表，但是研究者在选择它们之前必须有一个清醒的认识：自己是否有相应的经验支撑？如果没有，是否可以通过调研等方式加以补充完善？没有调查，就没有发言权。缺乏经验支撑的选题，不论大小，都容易导致泛泛而谈，最后做出来的成果也难深入，缺少新颖性，甚至连自己都不能被说服。

作者秦效宏，研究领域为复杂系统仿真与控制等，基于自己的研究经验的积累，陆续撰写了相关领域的系列论文，例如：

- 基于复杂网络理论的企业营销网络鲁棒性评估，发表于《数学的实践与认识》，2018(21)：41-48.
- 企业营销网络上的价值增值博弈决策研究，发表于《数学的实践与认识》，2018(12)：103-108.

2.3.4 传承性原则

学术研究不是从头开始，而是基于前人研究的再积累，今天的学术研究一般都有自身的学科视角，这包含了特定的研究传统和研究脉络。它们是将研究深化的前提条件。研究选题的传承性就是指必须在某种程度上继承这些积累性成果，一方面是理论的传承，另一方面是方法的传承。

案例分析2-6：中国经济减速的原因与出路

本文发表于中国人民大学学报，2016(06)：64-75，作者：方福前，马学俊.

本文的研究是基于索洛余值法，提出资本—产出弹性系数α应由常数改为可变的，即经典的索洛余值法估计全要素生产率(TFP)时通常假定资本—产出弹性系数α是常数，这既脱离经济实际，也导致估计结果有偏差。而运用广义的索洛余值法，把α看成是可变的，重新测算中国的 TFP，并利用变系数模型分析中国 GDP 变化的影响因素，从而得出结论为中国经济减速主要是"技术性减速"。

2.3.5 创新性原则

创新是学术研究的不竭动力，研究选题亦需要创新。选题的创新与传承是相辅相成的，选题的创新往往建立在传承的基础之上，很多优秀的选题往往是"旧瓶装新酒"，或者是"新瓶装旧酒"。

案例分析2-7：乡村振兴战略背景下网络扶贫与电子商务进农村研究

本文发表于《求实》，2019(03)：97-112，作者：杜永红.

本文以"乡村振兴战略"为背景，以"网络扶贫与电子商务进农村"为研究选题，论证了如何以"电子商务进农村"为重要手段，促进精准脱贫攻坚与乡村振兴有机结合。

文中对乡村振兴战略背景下贫困地区电子商务进农村的优化路径进行了详细论述：要挖掘贫困地区区域经济自身特色，明确电子商务进农村的发展定位，选择合适的电子商务发展模式，整合地方资源，打造电子商务经济主体；当地政府要高度重视本地电子商务的发展，建立协作机制，加强市场监管；培育和发展电子商务市场主体，推进电子商务集群发展，建立电子商务公共服务体系，加大人才引进和培育力度；促进农村实现经济突破与转型，提升农村居民消费能力，实现就地城镇化；加快发展农业产业转型、农产品高效流通，为现代农业发展提供坚实基础，促进农业、特色产业与电子商务相结合，有效推动农村经济持续、高效稳步发展。

2.3.6 现实性原则

好的研究选题，往往能够照顾到现实。尽管选题要学会"务虚"，即必须从现实问题中抽象出来，进入理论层面，但任何学术选题也都必须根植于社会现实，能够最终对现实社会起到有效启发，甚至能够促进社会行动，催生社会政策的作用。社会科学的最终目的在于帮助人们认识社会、改变社会，好的研究选题都要能够照顾到现实。

例如，方福前、马学俊所著的《中国经济减速的原因与出路》，选题针对的是近几年中国经济增速下滑的现象。导致我国经济增速持续走低的主要原因是什么？如何认识目前经济增速下降的性质？稳增长和确定新常态下的经济增长率我们应当主要抓什么？该文在学术界现有研究成果的基础上，力图从理论和实证两个方面对这些问题做出解析。

2.3.7 前瞻性原则

研究是滞后的，也是超前的。由于研究过程往往比较漫长，学术传播亦难一蹴而就，因此，选题最好对其研究前景进行预判，选择那些将来有可能成为主流、前沿的选题。研究选题最好不要扎堆热点，拾人牙慧。选题者应该立足于学术前沿，极目远舒，判断并选择一个将来更有可能受人关注的选题。

例如作者杜永红撰写的《乡村振兴战略下的贫困地区可持续性发展研究》(专著)一书，对精准扶贫方略与乡村振兴战略有效对接，构建返贫预警机制确保贫困地区稳定脱贫，基于乡村振兴战略背景下，实施持续性扶贫审计，发展贫困地区产业扶贫，促进网络扶贫与乡村振兴战略有效融合，推进职业教育的改革，坚持乡村振兴与新型城镇化双轮驱动，着力提升贫困地区可持续发展能力，提供了一定的理论依据与参考价值。

总而言之，应熟练掌握选题的七大原则(见表2.2)，融会贯通，灵活运用。

表2.2 选题的七大原则

最根本的原则	有用性原则
三个相辅相成的原则	公共性原则与经验性原则
	传承性原则与创新性原则
	现实性原则与前瞻性原则

2.4 论文标题的命名

一篇论文，不论其他组成部分如何变化，最先呈现在人们眼前的都是标题。论文标题的好坏往往决定着编辑或审稿人是否会有兴趣深入研读，也决定了读者是否会从泛读转向精读，乃至引用。有了好的标题，才能为论文带来有效的学术竞争力，也才更有利于论文的交流与传播，因此，好的论文需要一个与它般配的论文标题。

2.4.1 标题应具有吸引性

论文标题不仅能准确反映论文特定的核心内容，也是专家审稿和读者最先映入眼帘的内容。论文的标题往往作为读者的第一印象以判断和决定是否阅读；另外，标题为二次文献机构、数据库系统检索和收录之用。标题应该能够向专家和读者反映论文正文的信息、论点及创新之处，反映论文的主要内涵、品味，标题也应吸引读者品鉴文章。所以，标题必须具有一定程度的吸引性。

论文标题要求确切、醒目、简洁、好读好记、概念明确、层次分明，要抓住标题的四大要素，即：研究对象、研究目的、研究范围、研究方法。标题在用词上必须能确切地概括论文的论点或中心思想，能够准确反映研究的范围和达到的深度等，使审稿专家、读者可以从中获取有效信息。所谓文题相符，就是指标题要含义明确和言简意赅，能够起到画龙点睛的效果，让人一望即知，而且能够立刻引起人们阅读或摘录、参考的兴趣。

2.4.2 标题命名时要注意的事项

1) 少用"浅议""刍议"这样的标题

使用"浅议""刍议"作为标题，会给读者一种暗示，作者没有做好相关议题的文献回顾，此类文章没有做深入的理论与实际研究，没有太大价值。只有深议、长议的文章，才有深度，才能够为人类认识世界提供一定的帮助，值得进一步传播与传承。

2) 标题必须至少传递出两个信息：文章的研究对象和核心论点

首先，标题要表明这篇论文是研究哪个专业领域的，它的研究对象是什么，这样，才便于那些要写文献回顾、与之进行学理探讨的索引者定位到这篇论文；其次，标题需要展示文章的核心观点，或者是核心概念，让那些泛读的专业人士能够尽快获知文章的核心旨趣，以便说服他们进一步精读。

3) 标题不是越长越好，需要进行提炼

标题一定要恰如其分地概括论文全文，既要来源于全文，又要能够代表全文，所以，要高度凝练，尽量避免那些含混的、容易引发歧义的词语。

4) 论文可以采用副标题

副标题能够提供更多的学术信息，也更加有利于学术文章的传播。主副标题各有侧重。一般来说，主标题往往要承担传递核心论点或核心概念的功能，起到吸引注意力、暗示主要论点、突出研究贡献、点出理论性概念的作用；而副标题则承担限定研究范围、学科范围，明确研究对象，标识文章性质等功能。

例如： 绿色供应链成本管理信息化的实施路径——基于伊利集团的纵向案例研究，发表于《管理案例研究与评论》2019(04)：431-446，作者：颉茂华，王娇，刘远洋，殷智璇.(注意：申报课题时最好不要用副标题，国家社科基金要求准确、简明反映研究内容，一般不加副标题，不超过40个字。)

2.4.3　标题命名时如何画龙点睛

1) 关键词法

论文的首要任务在于传递科研信息，同时也具有文化储存和文化积累的意义。无论是从传递信息角度，还是从储存信息角度考虑，主题词或关键词的标引都将给文献的储存和检索带来极大的方便。关键词最能直接反映文章的内容，如能恰当组合，往往就形成了文章的标题。

例如： "一带一路"背景下的境外国有资产审计监管研究，发表于《会计之友》2018(24)：113-118，后全文转载于人大复印资料《审计文摘》，2019(02)，作者：任芳，高欣.(文章有三个关键词："一带一路"、境外国有资产、监管审计，组合在一起就形成了本文的标题。)

2) 名词性词组法

名词性词组的功能相当于名词，论文标题常用"的字短语"的名词性词组，也有编辑称之为界定法，从标题中可以了解论文内容的范围和研究对象，可以使读者了解论文的中心思想。

例如： 金融体系效率与地方政府债务的联动影响——民企融资难融资贵的一个双重分析视角，发表于《经济研究》2019(08)：4-20，作者：田国强，赵旭霞.(论文标题具体、生动，用词准确、规范，读者一看标题就能了解论文的研究内容。)

3) 立论式命题法

这种类型的标题揭示了论文的中心论点，或是提出了对某个问题的解决办法，反映了作者的研究成果，从标题可知作者的基本观点和见解。"立论式"标题又根据标题中所含"四大要素"的不同，分成四种方法：①方法命题法，指利用研究的方法进行命题，这种标题表达准确、直观明了；②结论命题法，指依据实践、实验或研究的结论进行命题，要求在命题时应表述严谨、结论可靠；③对象命题法，是根据研究或论述的对象进行命题，这种拟题突出了研究的内容；④观察研究命题法，是以观察研究事件的方式或方法进行命题，这种标题往往能体现方法或方式的创新点。

例如：金融冲击对企业产出的影响研究——基于中国上市公司面板数据，发表于《中央财经大学学报》2019(09)，作者：曹金飞. (本文标题命名包含了研究对象、研究结论，副标题指出了研究方法。)

4) 陈述性题名法

陈述性题名也有编辑认为是"信息性题名"，题名主要起标示作用，可用疑问句做题名，具有探讨性语气的标题，易引起读者兴趣。

例如：政府审计能提升国企产能利用率吗？——基于2010—2016年央企控股的上市公司面板数据的实证分析，发表于《审计与经济研究》2019(05): 22-31，作者：张曾莲，赵用雯.

5) 相关法

论文标题反映事物之间或事理之间的相互关系，这种相互关系可以是辩证的或递进的，也可以是选择的或并列的。也就是说，可以是局部与整体、原因与结果，也可以是其他相互影响、相辅相成的两部分。

例如：乡村振兴战略背景下网络扶贫与电子商务进农村研究，发表于《求实》，2019(03): 97-112，作者：杜永红.

6) 阐述法

标题使用指向性较强的专业术语，用于较大课题研究的论文写作。这种方法拟订的论文标题准确，精炼地表达论文作者特定的研究课题或研究对象，让本专业的同行对论文的主题一目了然。这种方法常用于应用研究和应用基础理论研究的研究报告型论文和综述型论文。

例如：新时代中国特色社会主义政治经济学的理论阐释，发表于《中国高校社会科学》2018(04): 32-158，作者：任保平.

本章小结

　　本章首先介绍了什么是论文选题好的标准，然后又介绍了论文选题的来源和论文选题的七个原则，最后介绍了论文标题命名时的注意事项，标题命名时如何实现画龙点睛。读者重点要掌握选题来源与标题命名时的画龙点睛。

思考与练习：

1. 论文选题好的标准是什么？论文选题的来源主要有哪些？

2. 论文标题命名时注意事项是什么？怎么实现画龙点睛？

3. 根据自己的研究领域，确定论文选题方向，并确定论文的标题名称。

第三篇　文献综述

文献综述不是简单介绍，而是立足于前期研究，做出自己的判断：其贡献在哪里，不足又在哪里？然后，从前期研究的不足入手来论述提出的问题，这就是以问题为导向，推进学术创新。

好的文献综述应当包含"梳""理""评""研"。

第一，梳理所选问题的历史发展脉络。

第二，充分肯定前人所做的学术贡献。

第三，发现前人研究中的问题，为自己的研究找到突破口。

第3章

文献阅读与文献综述

📖 **案例导读**

《中国经济减速的原因与出路》一文的文献综述撰写(部分摘录)

本文发表于《中国人民大学学报》,2016(06): 64-75,作者: 方福前, 马学俊.

文中对三种主要学术观点进行了回顾与评述, 在文献综述的撰写中, 首先对每一种主要观点进行陈述, 然后提出以往研究的不足之处, 并逐一进行评述, 如表3.1所示。

表3.1 有关"中国经济减速"的文献综述

主要观点	陈述	文献引用	评述	
			肯定	不足
三期叠加说	中国经济近几年处于经济增长速度换挡期、结构调整阵痛期和前期刺激政策消化期这样一种三期叠加的特殊时期	2013年8月8日《经济日报》发表《中国经济面临"三期"叠加阶段性特征》	比较全面地概括了中国经济减速的原因,大多数研究者都承认,中国经济现阶段所面临的主要压力正是这种"三期"叠加	从多视角揭示了中国经济减速的原因,但是它没有告诉我们中国经济减速的主要原因究竟是什么,在这"三期"叠加中,哪一个是主要的。它也没有说明为什么中国经济增速在2010年开始换挡而不是在其他时候
产业结构调整说	我国经济近几年之所以不断下行,是由于第三产业在我国国民经济中的比重超过了第二产业,而第三产业的劳动生产率又低于第二产业,由此降低了整个经济的(平均)劳动生产率,从而造成了经济增长率持续下降	无	无	这种观点使我国的经济发展和宏观调控面临一个悖论:要稳增长就必须稳定第二产业在国民经济结构中的比重,但是我国的产业结构调整的方向又是要降低第二产业的比重,提高第三产业的比重

(续表)

主要观点	陈 述	文献引用	评 述	
			肯 定	不 足
全要素生产率说	近十多年来我国技术进步的速度放缓了,甚至是负增长,技术进步或 TFP 对经济增长的贡献在衰减。这些发现无疑是有价值、有启发性的	美国经济学家保罗·克鲁格曼、赵志耘和杨朝峰根据索洛余值法测算	近十多年来我国技术进步的速度放缓了,甚至是负增长,技术进步或 TFP 对经济增长的贡献在衰减。这些发现无疑是有价值、有启发性的	使用索洛模型来估计我国 TFP 增长率的文献基本上都假定资本——产出弹性系数 α 是常数,这种假设显然是不符合实际的,因为随着技术水平的变化和经济中投入——产出关系的变化,α 是可变的而不是不变的

学习目的:

1. 了解文献资料类型;

2. 了解文献数据库检索;

3. 掌握文献阅读方法;

4. 掌握文献综述的撰写;

5. 掌握文献引用格式。

3.1 文献资料类型

文献资料是记录知识的载体,文献资料的获取是学术研究的基础。从出版物的特征来看,文献通常分为图书、期刊、学位论文、会议文献、研究报告、年鉴、报纸、政府出版物等。对于学术研究来说,图书、学术期刊、学位论文是常用的文献类型。

3.1.1 图书

图书是最常见的出版物形式。根据《国际文献标准草案》,凡是篇幅达到 48 页以上并构成一个书目单元的文献叫作图书。图书以传播知识为目的,是用文字或图画记录的著作,提供了某专业、学科或专题的较为系统的知识。图书大多是对基本知识、实践经验、已发表的研究成果等的系统性总结和论述,如图 3.1 所示。

图3.1　乡村振兴战略下的贫困地区可持续性发展研究

每种图书都有唯一的标识，即国际标准书号(ISBN)。国际标准书号由 13 位数字组成，并以四个连字符加以分割，如 ISBN 978-7-302-44405-3。

与其他文献类型相比，图书的特点是：①图书的内容较为全面和系统，观点较为成熟，因而能帮助研究者快速地熟悉一个领域或一类问题；②图书的出版周期比较长，传递信息的速度相对较慢，能及时反映最新科研成果的较少，因而需要与学术期刊补充使用。

3.1.2　学术期刊

期刊，由依法设立的期刊出版单位定期出版的刊物。出版单位出版期刊，必须经新闻出版总署批准，持有国内统一连续出版物号。学术期刊，主要刊载学术论文、研究报告、评论等文章，专业性很强，能及时、连续地反映某学科领域的发展动态和研究成果，对研究者的参考价值很大，如图 3.2 所示。

一般来说，与其他文献类型相比，学术期刊的特点在于：①学术期刊出版周期短、更新快、能及时反映某学科领域内的最新研究成果，因而能帮助研究者了解学术前沿动态；②总体上看，学术期刊的内容不如图书全面系统，观点也相对不成熟；③学术期刊刊登不同作者的论文，各篇论文的主观性较强，观点不一定完全正确，研究者应注意判断。

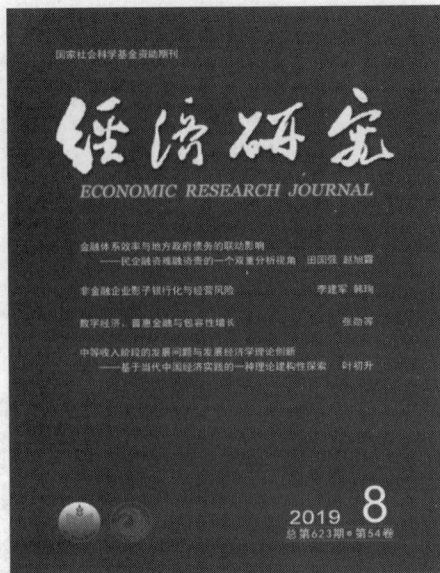

图3.2　学术期刊《经济研究》

3.1.3　学位论文

　　学位论文是高等学校和科研院所的学生在导师的指导下，为获得某种学位而撰写的学术性研究论文，一般分为学士论文、硕士论文、博士论文三个级别。学位论文主要供审查和答辩，一般不在刊物上公开发表，只在学位授予单位、指定收藏单位保存副本，如图3.3所示。

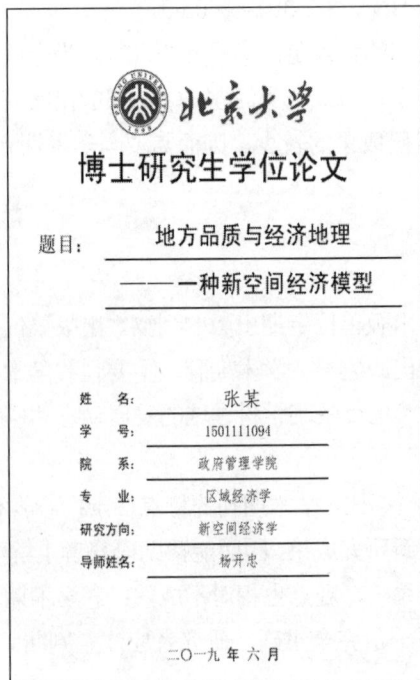

图3.3　学位论文

学位论文，特别是博士论文，其研究主题新颖，专业性强，内容较为系统，格式严格，是经过审查的原创性研究成果，具有较高的学术参考价值。

3.1.4

其他文献类型

1) 会议文献

会议文献是各种国内外学术会议上宣读和交流的论文、研究报告或其他相关资料。大多以内部形式编辑出版，也有部分由出版社正式出版发行。

会议文献的内容较为丰富，在一定程度上反映了国际上或某个国家某些专业研究的水平动向，时效性强。研究者可经常关注重要会议的会议文献，有利于其了解学术研究的前沿动态。

2) 研究报告

研究报告是用来报告某项科研成果的一种书面材料，由研究人员利用科学实验观察或社会调查研究中取得的数据资料等进行归纳整理，并且通过严谨的综合分析和研究完成。研究报告一般包括：研究课题的来源、研究的目的和意义、国内外研究现状、研究方法、研究内容、研究结论等部分，如图 3.4 所示。

图3.4　研究报告

3) 年鉴

年鉴是按年编撰并连续出版的参考性工具书，内容通常包括某个行业、某个地区、某个国家或国际政治、经济、文化等方面在一年内的发展情况，可供研究者随时查阅参考。其特点是：信息密集、出版定期、材料准确、内容新颖，分为综合性年鉴、专门性年鉴、地方性年鉴、统计性年鉴等，如图3.5 所示。

图3.5　年鉴(中国信息年鉴)

4) 报纸

以刊载新闻和时事评论为主的定期向公众发行的印刷出版物或电子类报纸，是信息传播的重要载体，具有反映和引导社会舆论的功能，类别有日报、晚报、周报、旬报等。报纸的特点是传播速度快、发行范围广、出版周期短、信息量大、普及性强。一些专业性强的报纸是有价值的文献资料，报纸的示例如图 3.6 所示。

5) 政治出版物

政治出版物是由政府部门及其专门机构，根据国家的命令出版的文献资料，如图 3.7 所示。其内容比较广泛，大致包括：行政性文献(如法令、条约、统计资料等)和科技文献(如研究报告、技术政策等)两大类。政府出版物具有正式性和权威性，是了解各国政治、经济、科学技术等情况的一种重要资料，对研究者有很好的参考作用。

图3.6　报纸(人民日报)

图3.7　政治出版物(审计结果公告)

3.2　科技信息检索

3.2.1　科技信息检索分类

根据检索对象不同，科技信息检索可分为文献检索、数据检索和事实检索。

1) 文献检索

文献检索是指以文献为检索对象的检索。

2) 数据检索

数据检索是指以数值或图表为检索对象的检索，是一种确定性检索。

3) 事实检索

事实检索是指以从原始文献中抽取的关于某一事物(事件、事实)发生的时间、地点和情况等方面的信息为检索对象的检索，也是一种确定性的检索。

3.2.2　布尔逻辑检索运算符

利用布尔逻辑检索运算符对检索词或代码进行逻辑组配，是检索系统中最基本、最常用的一种检索技术，常用的逻辑算符有以下几个。

1) 逻辑"与"(用"AND"或"并含"表示)

逻辑"与"是一种用于交叉和限定关系的组配,可以缩小检索范围,有利于提高查准率,如 A AND B 表示被检索到的文献记录中必须同时含有 A 和 B 才算命中。

2) 逻辑"或"(用"OR"或"或含"表示)

逻辑"或"是一种用于并列关系(同义词、近义词)的组配,可以扩大检索范围,防止漏检,有利于提高查全率,如 A OR B 表示在一篇文献中只要含有 A 和 B 中的任何一个即命中。

3) 逻辑"非"(用"NOT"或"不含"表示)

逻辑"非"是一种用于概念排斥关系的组配,可以从原来的检索范围中排除不需要的和影响检索结果的概念,使检索结果更精确。这种组配可以缩小范围,减少文献量,提高查准率。

布尔逻辑检索运算符的优先级顺序通常情况下为 NOT、AND、OR,另外可以使用括号改变它们之间的运算顺序。

3.2.3 检索步骤

1) 分析研究课题

(1) 课题的主题;

(2) 课题所涉及的学科范围;

(3) 课题所需信息的内容及其内容特征;

(4) 确定课题所需信息的类型,包括文献类型、出版类型、年代范围、语种、作者、机构等;

(5) 课题对查新、查全和查准的指标要求。

2) 选择数据库

不同的数据库学科范围不同,检索指令不同,收费标准不同。在选择时,应遵循以下几条原则:

(1) 按照课题的检索要求和目的,选择收录文献种类、专业覆盖面、年代跨度对口的数据库;

(2) 当需要查找最新文献信息时,选择数据更新周期短的数据库;

(3) 当需要获取原文时,选取原文获取较容易的数据库;

(4) 了解所选数据库的特征、不同检索特点等。

3) 选定检索词

在全面了解检索课题的相关问题后,提炼主要概念与隐含概念,排除次要概念,以便选择检索词,并根据选定的数据库的特点,进一步优化检索词。在选择时,有以下几种方法:

(1) 优先选用主题词;

(2) 选用检索系统规定的代码;

(3) 选用常用的专业术语;

(4) 选用同义词与相关词。

4) 选择检索途径

确定检索词后,根据课题性质、范围以及检索系统所提供的可检标识等选择适当的检索途径。检索途径主要有以下几种。

(1) 作者途径：以文献的作者(包括个人和团体著者、编者、译者、专利权人等)姓名为检索标识来进行检索。

(2) 主题途径：从与文献信息内容相关的主题词角度来检索，这是一种常用的途径。

(3) 分类途径：从文献所属学科类别角度来检索。

(4) 号码途径：以文献所附有的号码特征来检索，如专利号、报告号等。

3.3 文献数据库

文献数据库是指计算机可读的、有组织的相关文献信息的集合。常用的文献数据库有电子图书数据库、数字化期刊数据库、报刊数据库、会议论文数据库、学位论文数据库、专利数据库、标准数据库、产品数据库、科技报告数据库等。这里主要介绍常用的几种中英文文献数据库。

3.3.1 中文文献数据库

1) 中国知网

中国知网面向海内外读者提供中国学术文献、外文文献、学位论文、报纸、会议、年鉴、工具书等各类资源统一检索、统一导航、在线阅读和下载服务，涵盖基础科学、文史哲、工程科技、社会科学、农业、经济与管理科学、医药卫生、信息科技等多个领域，网址：http://www.cnki.net，如图 3.8 所示。

图3.8 中国知网

中国知网的学术期刊和学位论文在数量和质量方面具有绝对优势，除此之外还提供其他类型的文献检索，对于学术研究者来说，文献检索非常方便。

2) 万方数据

万方数据是提供中外学术论文、中外标准、中外专利、科技成果、政策法规等科技文献的在线服务平台，如图 3.9 所示，也是和中国知网齐名的中国专业学术数据库，网址：http://www.wanfangdata.com.cn。

图3.9　万方数据

3) 维普网

维普网是国内大型中文期刊文献服务平台，提供各类学术论文、各类范文、中小学课件、教学资料等文献下载，网站主营业务包括论文检测、优先出版、在线分享等，如图 3.10 所示，网址：http://www.cqvip.com/。

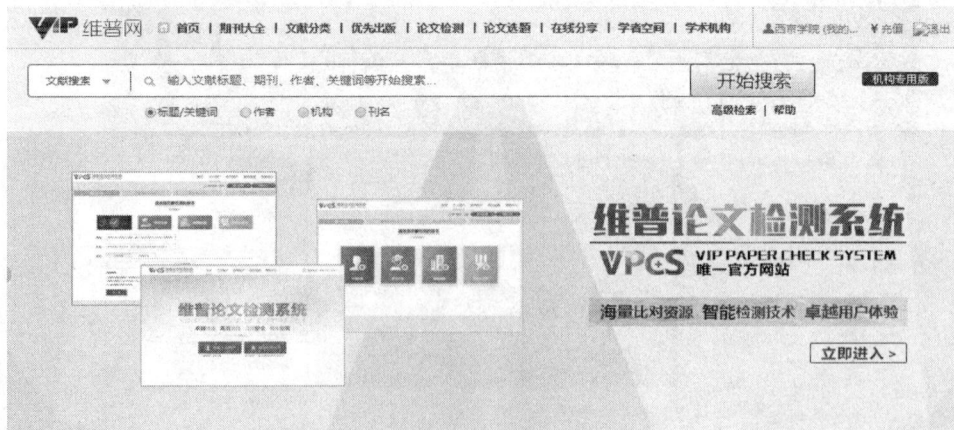

图3.10　维普网

4) 中经网统计数据库

中经网统计数据库是由国家信息中心中经网基于与国家发改委、国家统计局、海关总署、各行业主管部门以及其他政府部门的良好合作关系，经过长期数据积累并依托自身技术、资源优势，通过专业化加工处理组织而成的一个综合、有序的庞大经济统计数据库群，如图 3.11 所示，网址：http://db.cei.cn/。

图3.11 中经网统计数据库

中经网统计数据库主要包括"中国经济统计数据库"和"世界经济统计数据库"两大系列。其中中国经济统计数据库包括以下 5 个子库：宏观月度库、行业月度库、海关月度库、综合年度库、城市年度库；世界经济统计数据库包括 OECD 月度库和 OECD 年度库，提供自 1960 年以来的年度、季度、月度数据，包含 30 个 OECD 组织成员国、8 个非成员国，以及国际主要经济组织如欧盟、欧元区、北美自由贸易组织等的宏观经济发展指标。

5) 国研网统计数据库

国研网统计数据库是国研网在全面整合我国各级统计职能部门所提供的各种有关中国经济运行资料的基础上，历经数年研究开发、优化整合后推出的大型数据库集群，对国民经济的发展以及运行态势进行了立体、连续、深度展示，是中国经济量化信息最为权威、全面、科学的统计数据库之一，如图 3.12 所示，网址：http://data.drcnet.com.cn/。其主要资源有：世界经济数据库、宏观经济数据库、区域经济数据库、重点行业数据库等。

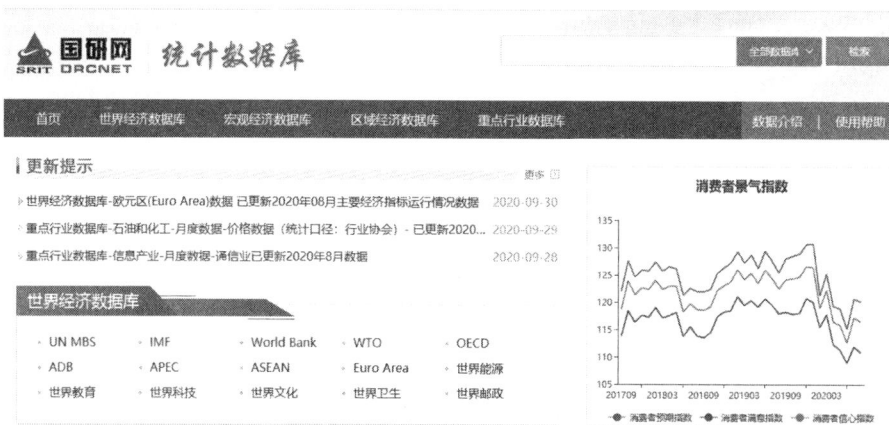

图3.12 国研网统计数据库

6) 中国资讯行

中国资讯行涵盖实时财经新闻、经贸报告、法律法规、商业数据及证券消息，包括中国经济新闻库、中国商业报告库、中国法律法规库、中国统计数据库等 14 个子数据库，如图 3.13 所示，网址：http://www.infobank.cn。

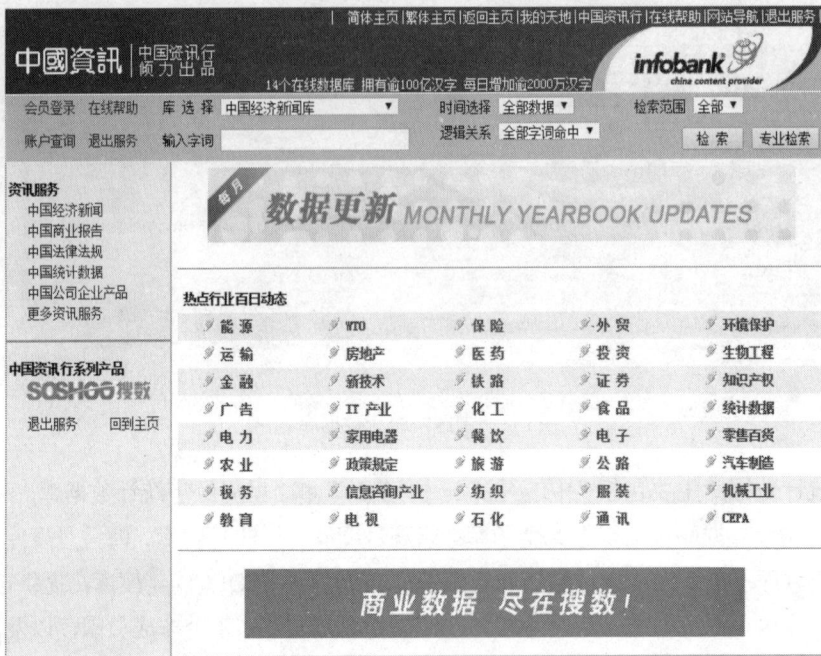

图3.13 中国资讯行

7) Wind 资讯

在金融财经数据领域，Wind 资讯已建成国内以金融证券数据为核心的一流的大型金融工程和财经数据库，数据内容涵盖股票、基金、债券、外汇、保险、期货、金融衍生品、现货交易、宏观经济、财经新闻等领域。Wind 资讯开发了一系列围绕信息检索、数据提取与分析、投资组合管理应用等领域的专业分析软件与应用工具，客户端软件下载地址：http://www.wind.com.cn。

8) CSMAR 经济金融数据库

CSMAR 经济金融数据库是国内目前规模大、信息精准的金融与经济数据库，由股票、基金、债券、金融衍生产品、上市公司、经济、行业、高频数据八大系列及个性化数据服务构成，如图 3.14 所示，网址：http://cn.gtadata.com。用户可以从 CSMAR 经济金融数据库中获取到及时、准确、完整的财经数据、信息和各种分析结果。

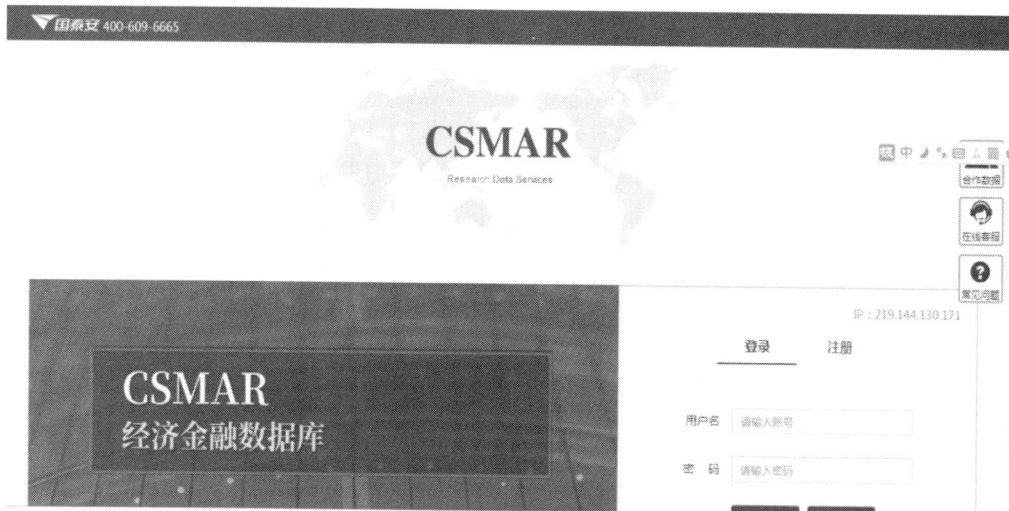

图3.14　CSMAR经济金融数据库

9) 国家数据

国家数据是由国家统计局发布的全国各个地区各个行业的数据信息，公开透明，信息共享，主要有月度数据、季度数据、年度数据、普查数据、地区数据、国际数据等，还可通过可视化产品、出版的统计年鉴等进行查阅，如图 3.15 所示，网址：http://data.stats.gov.cn。

图3.15　国家数据

3.3.2 英文文献数据库

1) SCI

SCI 即为科学引文索引(Science Citation Index，SCI)，是由美国科学信息研究所(ISI)于 1961 年创办出版的引文数据库。SCI(科学引文索引)、EI(工程索引)、ISTP(科技会议录索引)是世界著名的三大科技文献检索系统，是国际公认的进行科学统计与科学评价的主要检索工具，其中以 SCI 最为重要，SCI 收录的论文主要属于自然科学的基础研究领域，SCI 指标主要适用于评价基础研究的成果。

2) SSCI

SSCI 即社会科学引文索引(Social Sciences Citation Index，SSCI)，为 SCI 的姊妹篇，亦由美国科学信息研究所创建，是专门针对人文社会科学领域的文献引文数据库。其收录了经济、管理、商业、法律、心理、政治、教育、语言学、地理等五十多个学科中，最顶尖、最具学术价值的 3000 多种高质量学术期刊。其强大的分析功能，能够快速锁定高影响力论文，发现国内外同行权威所关注的研究方向，揭示课题的发展趋势，快速地找到跟自己研究课题最相关的、高质量的学术文献并帮助研究者选择合适的期刊进行投稿。

对于社会科学的研究者来说，如果能在 SSCI 所收录的期刊上发表学术论文，则是对其研究水平和能力的高度肯定。

3) ISI Web of Knowledge

ISI Web of Knowledge，是一个综合性、多功能的研究平台，该平台以三大引文索引数据库作为其核心，涵盖自然科学、社会科学、艺术和人文科学等方方面面的高品质、多样化的学术信息，利用信息资源之间的内在联系，把各种相关资源提供给研究人员，网址：http://www.webofknowledge.com。

4) Science Direct

Science Direct 数据库由 Elsevier Science 公司出版。该公司是一家总部设在荷兰的历史悠久的跨国科学出版公司，其出版的期刊是世界公认的高品位学术期刊。Science Direct 数据库收录 2000 多种期刊、4000 种电子图书，其中约 1400 种为 ISI 收录期刊，涵盖数学、物理、化学、天文学、医学、生命科学、商业及经济管理、计算机科学、工程技术、能源科学、环境科学、材料科学、社会科学等学科，网址是：http://www.sciencedirect.com。

5) JSTOR

JSTOR 全名为 Journal Storage，是一个对过期期刊进行数字化的非营利性机构，于 1995 年 8 月成立。目前 JSTOR 的全文库是以政治学、经济学、哲学、历史等人文社会学科主题为中心，兼有一般科学性主题共 48 个领域的代表性学术期刊的全文库。从创刊号到最近两三年前的过刊都可阅读全文，有些过刊的回溯年代早至 1665 年。2012 年，JSTOR 推出电子书项目——Books at JSTOR，将电子书与电子期刊在同一平台上进行整合并提供服务。目前其亦有收录现刊内容，网址：http://www.jstor.org。

6) Wiley

Wiley 出版社成立于 1807 年,是全球历史最悠久、最知名的出版社之一。Wiley Online Library 收录了 1600 多种期刊、19000 多种图书,覆盖生命科学、健康科学、理工科学和人文社会科学等几乎所有学科领域, Wiley 的 1600 多种学术期刊中,有 1200 多种 SCI 期刊,网址: http://www.onlinelibrary.wiley.com。

7) Spinger Link

Springer 于 1842 年在德国柏林创立,是世界著名的科技出版集团。Springer Link 平台整合了 Springer 的出版资源,收录文献超过 800 万篇,包括图书、期刊、参考工具书、实验指南和数据库,其中收录电子图书超过 16 万种,网址: http://link.springer.com/

8) ProQuest 系列

ProQuest 公司是全球最大的文献信息服务公司之一,其出版物收录了两万多种外文期刊、7000 多种报纸、150 多万篇硕博论文、20 多万种绝版书及研究专集,覆盖艺术人文、社会科学、自然科学、科技工程,以及医学等领域,网址: https://search.proquest.com/。

9) EBSCO 系列

EBSCO 是美国 EBSCO 公司在全球推出的全文数据库在线检索系统,学科涉及生物科学、工商经济、资讯科技、人文科学、社会科学、工程、教育、艺术、文学、医药学等领域,主要资源包括: 商业资源电子文献数据库、学术期刊集成全文数据库、环境保护数据库、报纸资源数据库等,网址: http://web.ebscohost.com。

还有很多的科技资源数据库,这里就不一一列举了。

3.4 文献阅读

科学研究上的突破,大多都是从前人的工作中汲取养分,科学研究是具有继承性和创新性的,文献正是前人科学研究记录的载体。

案例分析3-1:索洛经济增长模型

索洛经济增长模型(Solow growth model),是由罗伯特·索洛(Robert Solow)提出的发展经济学中著名的模型,是现代增长理论的基石。索洛模型描述了在完全竞争的经济中,资本和劳动投入的增长引起产出的增长,而新古典生产函数决定了在劳动供给不变时,资本的边际产出递减。这一生产函数与储蓄率不变,人口增长率不变,技术进步不变的假设结合,形成了一个完整的一般动态均衡模型。

作为创立新古典经济增长模型的先驱,索洛教授在构造他的长期增长模型过程中,不仅保留了哈罗德—多马模型的主要特征(如比例储蓄函数以及既定的劳动力增长率),而且还在理论模型的现实性方面有新的突破。

3.4.1　阅读文献的重要性

通过阅读文献，阅读者可以了解国内外相关领域的研究现状，了解目前研究进展到什么程度，别人都在做什么研究、用了什么方法、有什么主要的观点，同时为自己的研究打基础。

很多时候，作者写一篇文章，如果不熟悉文献，往往会犯一些常识性错误，重新讨论一些前人已经说过多遍的老问题，而且还不一定能够说清楚。

在做应用研究的时候，有些观点是直接可以采用的。而在做学术研究的时候，既要熟悉和掌握这些文献的基本观点，又要对这些文献进行超越，在这些文献的基础上，确立研究者的边际位置，以此确立研究者的边际贡献。

3.4.2　值得阅读的几类文献

1）高水平的中文期刊论文

社科类中文期刊，主要查看北大核心、CSSCI，在中国知网上查询时，请选中"核心期刊"和"CSSCI"复选框，如图 3.16 所示。

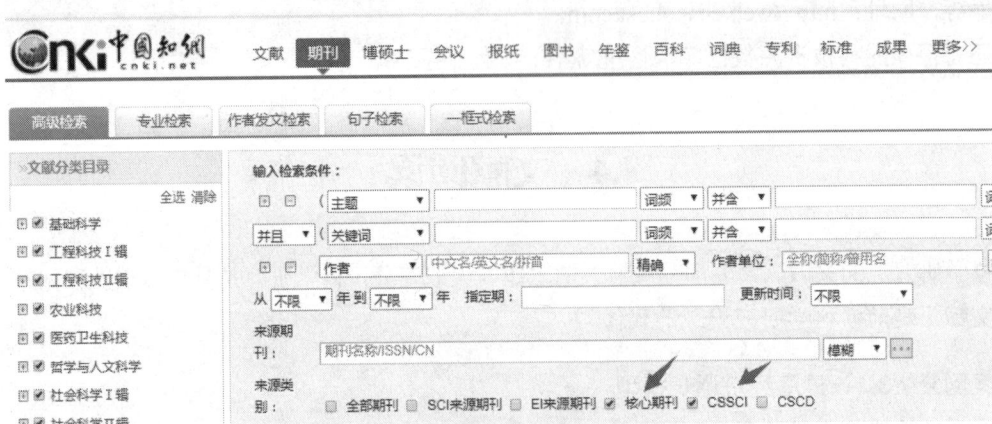

图3.16　在中国知网上查找高水平的期刊论文

2）博士学位论文

在中国知网上查询时，请先单击"博硕士"，再单击"博士"，如图 3.17 所示。

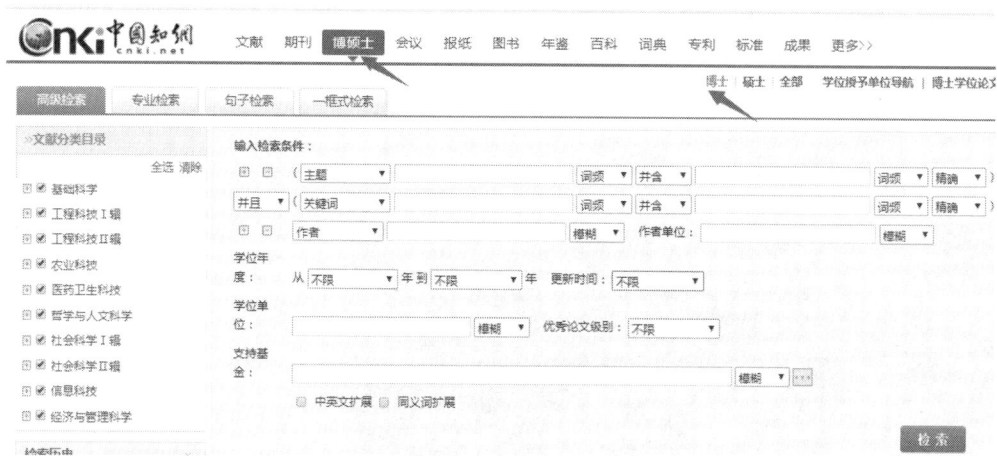

图3.17　在中国知网上查找博士学位论文

3) 出版的专著、教材、研究报告

(1) 中国国家图书馆，网址：http://www.nlc.cn/index.htm，在文本框中输入主题或作者等关键词，再选择分类，单击"检索"按钮，可查找已正式出版的专著、教材或研究报告，如图 3.18 所示。

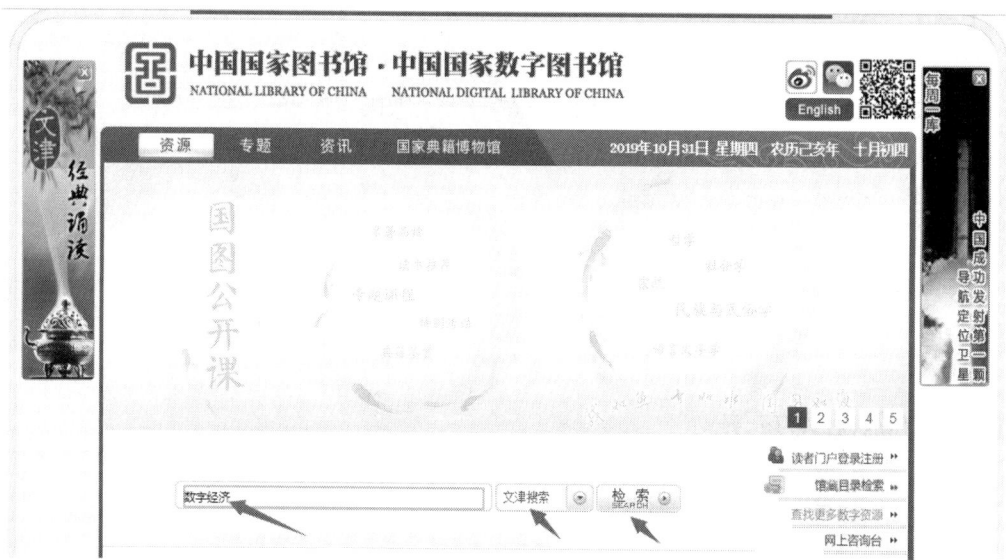

图3.18　在中国国家图书馆网站查找专著或教材

(2) 皮书数据库。皮书系列是社科文献出版社出版的蓝皮书、绿皮书、黄皮书等连续性年度专题研究报告的统称。2014 年 6 月上线发布的新版皮书数据库(三期)由基本子库、特色专题库和定制子库等不同类型子库产品组成，包括中国社会发展数据库、中国经济发展数据库、中国行业发展数据库、中国区域发展数据库、中国文化传媒数据库和世界经济与国际关系数据库 6 个基本子库；追踪社会热点和学术前沿，不断策划特色专题库，包括依法治国与法治中国、金砖国家、中国竞争力、中国国家安全等一系列特色专题库，网址：https://www.pishu.cn/，如图 3.19 所示。

图3.19　在皮书数据库查找研究报告或专著

4) 网络资源与官方的报刊

(1) 中国经济网(网址：http://www.ce.cn/)——《经济日报》。

(2) 人民网(网址：http://www.people.com.cn/)——《人民日报》。

(3) 光明网(网址：http://www.gmw.cn/)——《光明日报》。

(4) 新华网(网址：http://www.xinhuanet.com/)。

5) 外文资料

文章来源可通过谷歌学术、百度学术获得，或是从外文数据库获取，外文数据库前面已经介绍，这里不再赘述。

3.4.3　文献阅读方法

文献阅读的路径，如图 3.20 所示。

1) 阅读与思考相结合

阅读文献，必须与思考结合起来，边读文献边思考。

(1) 以问题为导向的阅读。从研究问题的角度出发，综合考量这篇文章，关注这篇文章是否有效回答了研究问题，研究方法和研究过程是怎样的，有什么创新和不足，有哪些地方值得进一步学习和借鉴。

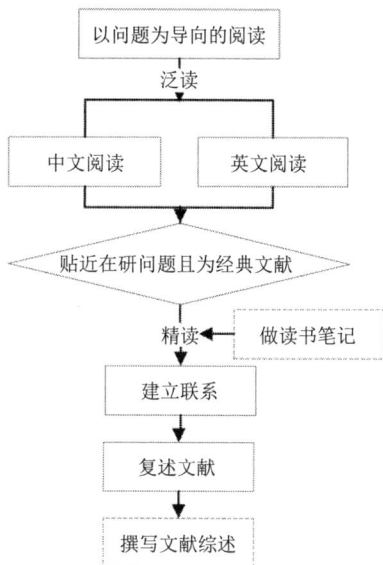

图3.20 文献阅读的路径

(2) 建立联系。要把新阅读到的内容与正在从事的科研工作进行对接，将新阅读的知识嫁接到相应的知识体系之上，同时批判性地进行知识重组：哪些补充了新的知识脉络，哪些修正了原来的知识结构等。

(3) 复述文献。如何才能算是真正读懂文献了呢？一个重要的标准就是能够复述这篇文献，并且可以进行评述。复述文献的一个好方法是写读书笔记，通过撰写读书笔记，可以帮助读者更准确地描述阅读内容。

2) 精读与泛读

为什么要精读文献？每一个学科都有自己的经典文献。这些经典文献就是前人在同样的研究领域，提出了经典的问题，做出了经典的回答，同时经典文献中的研究方法也是值得后来者学习的。只有精读才能有效地获知文献的观点，以及研究思路与方法，还可以模仿、学习作者的治学路径，从而为自己的学术之路奠定基础。

研究者在即将研究的领域中，通过泛读文献可以了解主要学术观点、基本研究方法、研究成果的进展，以便进一步确立自己的研究目标。泛读文献一般都需要阅读者进行海量检索，广泛阅读。泛读的顺序是先读摘要，再读导论，后读结论，然后根据结论确定是否需要通读研究过程。

在泛读的过程中，如果发现了优质的文献，且与所研究的问题非常贴近，可转为精读，尤其是那些引用率高、被学者广泛讨论的文献。

3) 做读书笔记

阅读的同时，必须配合记笔记，边思考，边记录，甚至要摘抄那些经典的句子，然后再进行单篇文章的综述。随记与摘录便于深入了解文献，而综述则便于总体性地把握这篇文章。

4) 撰写文献综述

写单篇文献综述时，需要将研究者的研究问题、研究目标、研究方法、研究结论和研究贡献等问题进行简要说明。研究者必须反复认真阅读这些文献，边读边写，只有读清楚了，才能写清楚。

5) 学会阅读英文文献

英文是当今世界上应用最广泛的学术语言之一。英文世界的科学研究基础更为广阔与扎实，开展科学研究的时间更早，研究体系更完善，因此，在进行文献梳理的时候，不能省略对英文文献的检索与阅读。要辩证地看待英文文献，善用他山之石，通过阅读英文文献，提升研究的层次，让研究者更具开阔的国际视野。

3.5　文献综述撰写

在出现的文章被拒事件中，90%的失败原因是研究问题问得不好、不够清楚：文献没看全，所研究问题已经有文章发表过了，现在是重复性的研究，没有贡献新的知识，不值得发表。因此研究者应详读文献，对文献进行梳、理、评、研，这是申报课题或撰写文章不可或缺的一部分，称为文献综述，又称研究综述，或称为文献回顾。

案例分析3-2：返贫预警机制构建探究

本文发表于《中国特色社会主义研究》2018(01)：57-63，作者：范和生.

文献综述撰写顺序：首先是研究背景的描述，阐释了构建返贫预警机制的目的和意义，然后用了两个"较少"提出当前的研究中存在的不足，然后把当前已有的研究成果梳理为两个方面：返贫诱因和返贫治理，后续分别复述这两个方面已有的研究观点，最后给出评价，并提出自己新的研究主题和研究目的。

相关文献综述

贫困问题涉及经济、社会、文化、环境等诸多领域，返贫是我国当前贫困治理中无法回避的特殊现象，而构建返贫预警机制又成为消除返贫现象的首要任务。构建返贫预警机制就是要构建返贫发生前的信息反馈、干预、阻断等机制。

现有的贫困治理机制研究大部分是宏观上的，主张建立完备且贯穿扶贫工作全程的创新机制。现有研究关注于贫困人口总体或贫困区域人口，但较少对贫困人口进行区别化、类型化研究。注重前进式的减贫研究多，关注脱贫人口返贫问题的较少。关于返贫问题的研究在时间分布上跨度较大，内容也主要集中在返贫诱因和返贫治理两个方面。

文献梳理部分

第一，关于返贫情况的诱发因素研究。(这里只摘录了最后一个研究观点及总结)

……郑瑞强、曹国庆(2016)根据返贫因素将返贫划分为政策性返贫、能力缺失返贫、因灾返贫和发展型返贫，并提出进行贫困人口生计空间的重塑，减少和防范贫困人口返贫。综合来看，返贫的诱发因素是多样的，涉及政策不匹配、思想观念落后和制度缺陷等诸多方面。

第二，关于返贫的治理对策路径研究。

刘玲琪(2003)以陕西省为例分析了返贫人口的特征，并主张从加大投入、控制人口增长、调整人口分布、提高人口素质、加强社会保障和实施产业开发六个方面应对返贫问题。(这里只摘录了第一个研究观点)

文献综述开始是梳理，梳理的方法一般采用分类梳理，复述前人研究成果的核心观点。这里要注意的是文献的来源一般应为高水平期刊文章或是专著，最好选用近五年内与主题贴近的研究成果，当然如果是经典理论，可以不限时间。

文献评、研部分

学界现有的关于返贫的研究大多局限在返贫现象发生之后的治理层面，而不能兼顾到返贫发生之前，忽视了前期预防的重要性。治理返贫的源头在于预防，这就需要建立针对性强、行之有效的返贫监测预警机制。而在返贫治理中，关于返贫预警机制构建的研究鲜有人涉足。返贫预警旨在加强对返贫的先期预防，返贫预警处理得当，会大大减少返贫现象的爆发，降低后期的返贫治理难度，可以说是治理返贫的基础性工程。

评、研是在肯定前人研究成果的同时，指出前人研究存在的局限与不足，从而提出研究者的研究主题，以及要达到的研究目的。

3.5.1　不同类型论文的文献综述撰写方法

在撰写文献综述时，首先要先明确论文分类，然后依据论文分类，有针对性地对文献进行"梳、理、评、研"。

1) 综述类论文的文献综述撰写方法

综述类的论文，就是对已发表的论文进行评述，然后提出自己的观点。

首先对已发表的文献观点进行分类，然后对每一类进行点评，最后有一个总体的结论。此类论文如果撰写得好，也能发表到高水平的期刊上。

案例分析3-3：专利、技术创新与经济增长 —— 一个综述

本文发表于《华东经济管理》2019(08)：152-160，作者：温军，张森.

论文文献综述，围绕既有文献就专利表征技术创新的优势和缺陷、专利制度和专利申请动机对技术创新的影响、专利对经济增长的影响效果以及限制专利成果转化的因素这四个方面的研究进行梳理，以明确专利对技术创新和经济增长的作用机制和影响效果，并试图从中挖掘出值得进一步深入研究的议题。论文整体结构如下：

一、引言

二、专利与技术创新

(一) 专利衡量技术创新的可行性

(二) 专利影响技术创新

1. 专利保护制度与技术创新

2. 专利申请动机与技术创新

三、专利与经济增长

(一) 专利质量与经济增长

(二) 专利成果转化机制与经济增长

四、总结与展望

2) 定性研究类论文的文献综述撰写方法

定性研究(Qualitative research)是与定量研究(Study on measurement，Quantitative research)相对的概念，定性研究又称质化研究，是社会科学领域的一种基本研究范式，也是科学研究的重要步骤和方法之一，即将问题的性质阐明，但不能量化，也就是不能建立数学模型进行量化的研究。

定性研究类论文的文献综述撰写的主要方法是：提出问题，分析原因，解决问题。定性研究类论文，同样也要有数据作为支撑，同时需要有相关的图表加以说明。以《返贫预警机制构建探究》一文为例，论文的论证主要围绕以下"返贫预警机制构建模型"展开，如图 3.21 所示。

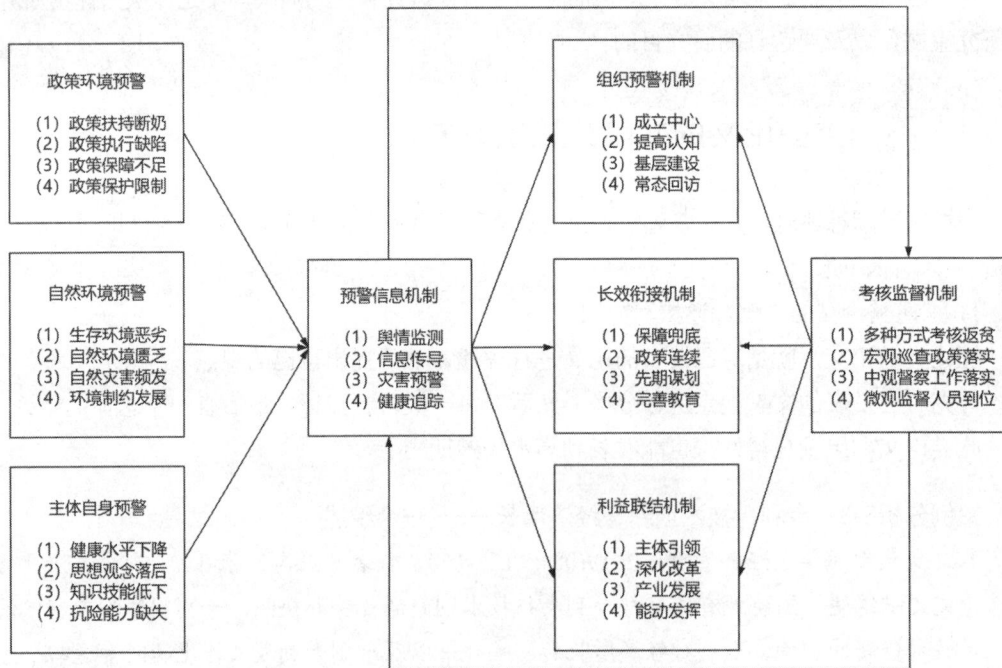

图3.21　返贫预警机制构建模型

3) 定量研究类论文的文献综述撰写方法

定量研究是要考察和研究事物的量，用数学工具对事物进行数量分析，又称量化研究，是社会科学领域的一种基本研究范式，也是科学研究的重要步骤和方法之一。

当前定量分析的文章居多，《经济研究》上发表的文章 70%~80% 为定量分析的文章，即用计量经济学做实证分析，主要的方法是：提出假设，实证分析，得出结论，提出建议。格式较为固定。要想将论文发表到高水平的期刊上，一是要掌握实证分析的方法，常用软件有 eviews、stata 等，二是选题要新颖。

案例分析3-4：数字经济、普惠金融与包容性增长

本文发表于《经济研究》2019(08)：71-86，作者：张勋，万广华，张佳佳，何宗樾.

论文首先基于分样本实证分析，发现中国的数字金融不但在落后地区的发展速度更快，而且显著提升了家庭收入，尤其是对农村低收入群体而言。可见，数字金融促进了中国的包容性增长。其次，通过研究数字金融包容性增长的传导机制，发现数字金融的发展帮助、改善了农村居民的创业行为，并带来了创业机会的均等化。最后，通过对物质资本、人力资本及社会资本的异质性分析，发现数字金融特别有助于促进低物质资本或低社会资本家庭的创业行为，从而促进了中国的包容性增长。

4) 案例研究类论文的文献综述撰写方法

案例研究是指综合运用历史数据、档案材料、访谈、观察等多种收集数据和资料的技术与手段，对某背景下的特定社会单元(个人或团体组织)中发生的典型事件的背景、过程进行系统、综合的描述和分析，从而在此基础上进行解释、判断、评价或者预测。案例研究类论文包括单案例论文和多案例论文两种形式。案例研究方法在中国使用时间不长，但已经成为研究管理实践中多元与复杂问题的基本方法之一。

期刊推荐：《管理案例研究与评论》。

案例分析3-5：基于生态位调整视角的农产品品牌升级路径研究——以"茶油奶奶"为例

本文发表于《管理案例研究与评论》2019(05)：534-547，作者：林孔团，蒋耀辉.

论文以单案例分析为主要研究方法，基于生态位调整视角对"茶油奶奶"品牌升级的历程进行研究，从企业生态位调整和品牌生态位调整两个层面对品牌升级路径进行解析。将企业生态位细分为社会性因子、空间性因子和内环境因子，分别研究不同因子调整对品牌升级的影响和对品牌生态位的影响；进一步将品牌生态位细分为表征性因子、感知性因子和成长性因子，分别研究品牌生态位调整对于品牌升级的作用；建立的企业生态位调整和品牌生态位调整之间的协同机制能帮助有效实现农产品的品牌升级。

3.5.2　文献综述作用

从学科建设的角度看，系统进行文献梳理可以避免重复的学术劳动，同时也是在尊重前人的学术贡献。

1) 文献梳理的作用

实际上就是在认识未知之前，廓清"知识圆"的边界，整合、梳理"知识圆"以内已知的知识，为进一步扩大人类的认识半径打下基础。

在梳理过程中，要分析其程度、层次及问题，以便决定是否需要进一步研究，如果"前人之述备矣"，那就别再做无用功了，"多你一个不多的研究"是没有任何价值和意思的。

2) 文献评研的作用

通过梳理文献，发现了前人研究的局限与不足，就可据此确立新的学术生长点，进一步展开自己的研究。

3.5.3 文献取舍

对于一篇具体的参考文献，首先要判断这篇文献对你的研究有何参考价值，即这篇文献能满足你达到哪一个或者哪几个目的。通过这样一个简单的判断，你面对浩如烟海的文献资料，就会自行做出取舍，进而使其为你所需、为你所用。

1) 追踪历史文献

可追踪该研究领域的很多历史文献，对某个领域的知识发展历程、存在的问题等有全面的认识和深入的了解，追踪历史文献线索如图 3.22 所示。

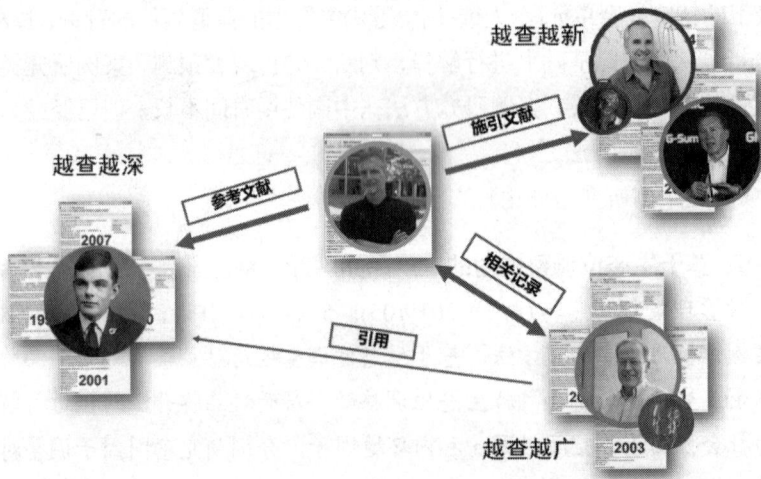

图3.22　追踪历史文献线索

2) 对比分析

做科研要善于对比分析，对于文献取舍也要善于对比分析。对比其实就是思考，只有思考，才能发现问题，只有思考，才能形成自己的思路。

3) 去伪存真

做文献取舍时，对文献中提供的认识、资料和结论等，需要自己进行加工，即进行去粗取精、去伪存真的加工，目的就是让自己成为文献的主人。

3.5.4　文献梳理

文献梳理是针对某一研究领域中前人已经做了哪些研究工作，进展到何种程度进行复述，对研究成果的表述要准确，该研究领域知名学者的代表作一定要罗列出来。

1) 文献之间的关系

(1) 同意关系，也就是这些文献可以"合并同类项"，它们的研究结论一致，或者殊途同归。

(2) 继承关系，一篇文献是在另一篇文献的基础之上形成的。

(3) 反对关系，比如穆尔的研究就是批评社会资本和社会网络的。

(4) 并列关系，两篇文献各自在自己的问题上做出了回答，它们合起来就可以构成更大一类问题的答案。

案例分析3-6：《中国经济减速的原因与出路》一文的文献综述

(三) 全要素生产率说

研究观点一：美国经济学家保罗·克鲁格曼早在 1994 年就撰文提出，包括中国在内的东亚的经济增长主要是依靠资本和劳动投入的高增长实现的，而不是靠技术进步或全要素生产率(TFP)的提高，这种高速增长是不可持续的，今后这些国家的经济增长速度必然放慢，亚洲的经济奇迹其实是一种神话。克鲁格曼的说法可以看成是对中国经济减速的一种预测。

研究观点二：赵志耘和杨朝峰根据索洛余值法测算出，1979—1992 年中国的 TFP 增长率是在大幅波动中提高的，1984 年达到第一个峰值 6.592%，1992 年达到最高点 7.189%，此后便开始降低；2001 年加入 WTO 以后，TFP 增长率又进入稳定增长时期，2007 年达到 5.382% 的波峰值，此后迅速跌落至 2009 年的-0.402%。

研究观点三：张连城测算了 1953—2009 年中国 TFP 增长率的变化。他的测算结果是，1979 年以后，TFP 增长率是持续走高的，1984 年达到第一个波峰 5.734%；此后 TFP 增长率由下降到回升，1992 年达到第二个波峰 5.471%；1992 年以后 TFP 增长率便在波动中持续下降，2008 年和 2009 年分别是-1.662%和-4.732%。张连城测算的我国的 TFP 增长率的变化趋势与上述赵志耘和杨朝峰的测算结果相当接近，不过前者测算的 2007 年我国的 TFP 增长率只有 1.6%。

研究观点二、研究观点三继承了研究观点一的理论，是继承关系；研究观点二和研究观点三之间是同意关系。

案例分析3-7：《专利、技术创新与经济增长—— 一个综述》一文的文献综述

该文的参考文献总数多达 74 篇，且以英文文献居多。

专利保护制度：文中列举了两种相反的观点。

第一种观点：专利制度安排往往受到热衷于增加垄断租金而非总体福利的相关利益集团的影响，他们具有为获取和保持其垄断权而进行大量非生产性寻利活动的动机和激励，专利制度的潜在副作用甚至足以抵消其对技术创新的正向作用(Boldrin and Levine, 2002; Scherer,

2009; Boldrin and Levine，2013)。

这里是将观点放在前，作者及观点的提出时间放在后。

第二种观点：Chen et al.(2014)认为，专利权与技术创新之间的关系受多种因素的影响，在创新频繁的国家、资本密集型行业以及研发固定成本较高的技术上，严格的专利保护能够促进技术创新水平的持续提升。

这里是将作者及观点的提出时间放在前，观点放在后，这是比较常规的写法。

2) 文献梳理方法

文献梳理主要是对前人研究成果的核心观点进行阐述与概括。其主体部分有横向和纵向两种写法。纵向写法，是指围绕某一个研究问题的发展，采用年代顺序进行梳理；横向写法有两种情况，一种是按空间分类，分别介绍其研究的国内现状与国外现状，另一种是将前人的研究观点梳理分类，再按类别对文献进行进一步梳理。例如：《中国经济减速的原因与出路》一文的文献综述，是将前人关于"中国经济减速原因"的研究观点分成了三类：三期叠加说、产业结构调整说、全要素生产率说。

3.5.5　文献评研

文献评研是在文献梳理的基础上，概括地指出已有研究成果的价值和存在的不足，以及自己对某些研究成果的不同意见，然后引出本文所要研究的问题及问题的创新点。

进行文献评研时要做到：对他人前期研究成果评价要客观公正，切忌在批判别人成果的基础上突出自己的研究，不要贬低前人的研究成果，不要吹嘘自己；准确表达前人科学研究的学术思想或学术观点。

1) 对文献进行准确评研

新手写文献，往往会刻意贬低既有文献的贡献，以便突出自己的研究创新，但这样做是极不可取的，应该要做到如实地评价文献。

2) 文献评研内容

它应该回答如下问题：对于将要研究的问题，学术界已经有了哪些研究？这些研究到了什么程度？其贡献和不足在哪里？如果要推进的话，还需要做什么？相比于你的研究，前人的研究有没有类似的？如果有，和你的研究有什么相同，又有什么不同？它们与你的研究是一个什么样的关系？你的研究是开创了新的研究、推进了既有的研究，还是驳斥了既有的研究？

3) 融入研究者的知识和批判性思维

文献综述不能写得太枯燥，因为其一般紧随引言之后，如果堆砌文献，写得机械而生硬，那么编辑和读者也许就跳过你这篇文章了。撰写文献综述应该融合自己的知识和批判性思维，将自己的研究视野融入进去。

4) 文献评研的步骤

(1) 找准"知识圆"的圆心。尽量选择那些与"知识圆"圆心较近的核心文献。

(2) 以研究问题穿针引线，将文献以条理化的方式组织起来，展现作者的逻辑推演过程。

(3) 对文献进行精准和恰当的概括。

(4) 对文献进行客观评述，指出其学术贡献与研究不足，以此作为自己研究的起点。

5) 文献评研的注意事项

具体写文献综述时，有几个要点需要注意。

(1) 在没有认真精读一篇文献时，不要将其列为参考文献。

(2) 文献综述对应文末的参考文献，在文末要列出所引用的参考文献。

(3) 不要就一个来源引用过多，且应避免过长的引文。

(4) 不要引用不相干文献，网络资源和报纸资源都不是好的引用源。

(5) 文献综述应是研究者对原始文献所做的客观分析，不要以偏概全。

3.6　参考文献引用格式

3.6.1　参考文献引用原则

参考文献是论文的一个构成部分，其引用原则，是用研究者自己的语言来总结其他作者的研究发现，然后注明引用的出处。在一篇论文中，引用参考文献论证自己的观点或者理念是十分必要的。对于别人已经研究过的内容，研究者便不需要重复进行研究，通过参考文献的引用，便能简要地体现想要表述的内容。

1) 引用与论文主题高度相关的参考文献

选择参考文献必须紧紧围绕主题，为表现和论证主题服务。凡是能有力地说明、突出、烘托主题的就选用，否则就舍弃。将一些与主题无关的参考文献写进论文中，参考文献与主题脱节，会影响论文主题的表达，切忌这一点。这是选择参考文献的一个基本原则。

2) 引用较新和档次较高的文献

尽量引用五年内发表的论文，人文社科类的期刊论文推荐 CSSCI、北大中文核心、SSCI(英文)，理工科类期刊论文推荐 CSCD、北大中文核心、SCI(英文)，或是博士论文，或是知名学者出版的专著等，最好不要引用硕士论文或非核心论文，对于该学科领域经典著作不限发表时间。

3) 少引用网络资源和报纸资源

建议少引用网络资源和报纸资源，当研究者确实需要引用网络资源和报纸资源时，首先要考量资源发布者的可信度，可采纳权威部门发布的信息，如《人民日报》、《光明日报》、中国新闻网、政府网站以及知名度较高的智库发表的研究报告等。

4) 应引用多类型的参考文献

文献资料类型有多种，研究者在撰写论文过程中一般会引用多类参考文献。拟发表的期刊或会议论文，或是撰写的学位论文，大多引用的参考文献是期刊文章，但应尽量避免引用单一种类的参考文献，例如：有学生在撰写学位论文时大量引用了学位论文，这是不符合规范的。

案例分析3-8：《乡村振兴战略背景下网络扶贫与电子商务进农村研究》

本文发表于《求实》，2019(03)：97-112，作者：杜永红.

引用的参考文献如图3.23所示，参考文献中有中文与英文文献，有专著、期刊文章、报纸文章以及网络资源等。

[1] 中共中央国务院.乡村振兴战略规划(2018—2022年)[M].北京：人民出版社,2018.

[2] Anita Kelles – Viitanen. The Role of ICT in Governing Rural Development [J]. IFAD Workshop on the What are the Innovation Challenges for Rural Development（Rome）,2005,（11）.

[3] 杰夫电商集团.2017年电子商务进农村,告诉你接下来该干什么！ [EB/OL]. http://mt.sohu.com/20170425/n490647055.shtml,2017 – 04 – 25.

[4] 程联涛.我国贫困地区区域特征及扶贫对策[J].贵州社会科学,2014,（10）.

[5] 孙久文.网络扶贫为农民"拔穷根"[J].人民论坛,2017(1).

[6] 赵早.树立互联互通思维放大网络扶贫效益[N].河南日报,2017 – 05 – 05（9）.

图3.23　引用多类型的参考文献

3.6.2　参考文献标准格式

1) 专著、论文集、学位论文、报告

[序号]主要责任者. 文献题名[文献类型标识]. 出版地：出版者，出版年. 起止页码(可选).

例如：[1]刘国钧，陈绍业. 图书馆目录[M]. 北京：高等教育出版社，1957. 15-18.

2) 期刊文章

[序号]主要责任者. 文献题名[J]. 刊名，年，卷(期)：起止页码.

例如：[1]何龄修. 读南明史[J]. 中国史研究，1998，(3)：167-173.

3) 论文集中的析出文献

[序号]析出文献主要责任者. 析出文献题名[A]. 原文献主要责任者(可选). 原文献题名[C]. 出版地：出版者，出版年. 起止页码.

例如：[7]钟文发. 非线性规划在可燃毒物配置中的应用[A]. 赵炜. 运筹学的理论与应用——中国运筹学会第五届大会论文集[C]. 西安：西安电子科技大学出版社，1996.468-472.

4) 报纸文章

[序号]主要责任者. 文献题名[N]. 报纸名，出版日期(版次).

例如：[8]谢希德. 创造学习的新思路[N]. 人民日报，1998-12-25(10).

5) 电子文献

电子文献/载体类型标识：[J/OL]网上期刊、[EB/OL]网上电子公告、[M/CD]光盘图书、[DB/OL]网上数据库、[DB/MT]磁带数据库。

[序号]主要责任者. 电子文献题名[电子文献/载体类型标识]. 电子文献的出版或获得地址，发表更新日期/引用日期.

例如：[12]王明亮. 关于中国学术期刊标准化数据库系统工程的进展[EB/OL]. http://www.cajcd.edu.cn/pub/wml.txt/980810-2.html，1998-08-16/1998-10-04.

6) 国际、国家标准

[序号]标准编号，标准名称[S].

例如：[13]GB/T 16159—1996，汉语拼音正词法基本规则[S].

7) 专利文献

[序号]专利所有者. 专利题名[P]. 专利国别：专利号，出版日期.

例如：[14]姜锡洲. 一种温热外敷药制备方案[P]. 中国专利：881056073，1989-07-26.

3.6.3 参考文献在文中引用标注

当你引用了别人论文中的观点，须将该文献设置为引用，一般采用脚注、尾注的形式或是将参考文献统一罗列于文章结尾。

1) 脚注的设置方法

脚注，附在论文当前页面的最底端，对某些语句加以说明，一般有两个用途：一是作为文档某处内容的注释；二是作为参考文献引用标注等。

注释不同于参考文献引用标注，注释是研究者对正文中某一内容做进一步解释或补充说明的文字，注释的内容一般采用脚注方式置于页面底端，用序号标识。

脚注和尾注都可对文本进行补充说明。脚注一般位于当前页面的底部，脚注和尾注均由两个关联的部分组成，包括注释引用标记和其对应的注释文本。

插入脚注方法如下：

(1) 将光标移动到需要添加参考文献引用标注的位置；

(2) 单击 Word 软件上方工具栏中的"引用"菜单，再单击"插入脚注"(左侧箭头所指)，如图 3.24 所示；

(3) 在当前位置的后方会生成一个参考资料的序号；

(4) 可单击"引用"菜单位置的扩展箭头(右侧箭头所指)，在弹出的对话框中进行格式的设置；

(5) 当前页的最下方出现一个参考资料编辑的区域；

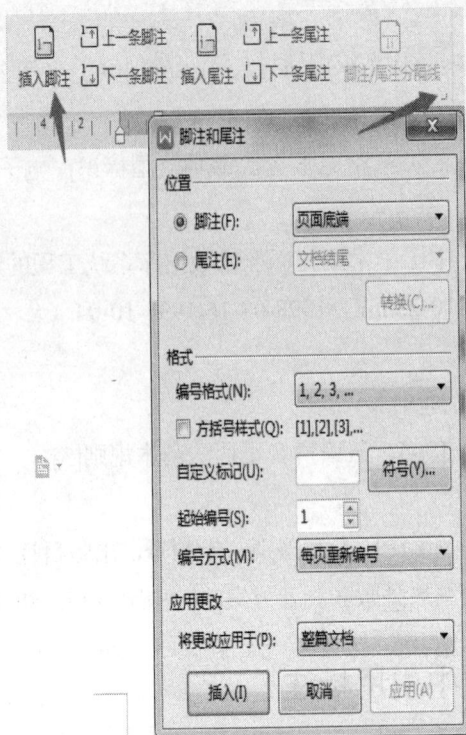

图3.24 插入脚注——脚注和尾注格式设置

(6) 在编辑区域编辑参考资料的来源信息，如图 3.25 所示。

完成脚注的编辑后，当光标移动到序号上方的时候，会显示下方参考文献的信息。

提升企业治理水平，推进国家治理体系和治理能力现代化[1]。

2、数字乡村与农村数字经济

● 到 2020 年，数字乡村建设取得初步进展

[1] 腾讯研究院.工信部电子科学技术情报研究所.数字经济崛起：未来全球发展的新主线[EB/OL].
https://www.tisi.org/4881,2017-01-10

图3.25 脚注的设置

2) 尾注的设置方法

尾注也是一种对文本的补充说明，一般位于文档的末尾，用于列出引文的出处等。尾注与

脚注相似，是由两个关联的部分组成，包括注释引用标记和其对应的注释文本。

尾注的插入方法与脚注类似，即先单击"引用"菜单，再单击"插入尾注"，然后单击扩展箭头，在弹出的"脚注和尾注"对话框中设置格式，如图 3.24 所示。

3) 参考文献引用出处

参考文献引用出处作为文章的构成部分，罗列于文章的末尾。一般是按参考文献在文中出现的顺序进行编号，引文在文中对应位置标注有上标，与文末参考文献引用出处的编号相对应，如图 3.26 所示。

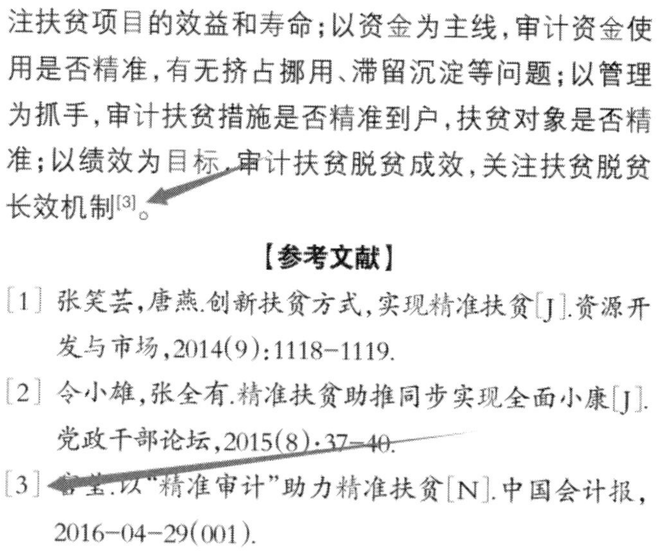

注扶贫项目的效益和寿命；以资金为主线，审计资金使用是否精准，有无挤占挪用、滞留沉淀等问题；以管理为抓手，审计扶贫措施是否精准到户，扶贫对象是否精准；以绩效为目标，审计扶贫脱贫成效，关注扶贫脱贫长效机制[3]。

【参考文献】

[1] 张笑芸,唐燕.创新扶贫方式,实现精准扶贫[J].资源开发与市场,2014(9):1118-1119.

[2] 令小雄,张全有.精准扶贫助推同步实现全面小康[J].党政干部论坛,2015(8):37-40.

[3] 雷望.以"精准审计"助力精准扶贫[N].中国会计报,2016-04-29(001).

图3.26　参考文献引用出处

本章小结

本章首先介绍了文献资料和文献数据库类型，然后又介绍了文献阅读方式、文献综述撰写方法与技巧，最后讲述了参考文献标准格式以及文献引用出处的设置方法等，重点要掌握文献综述撰写方法与技巧。

思考与练习：

1. 依据论文选题，如何检索相关参考文献？

2. 根据检索的文献，如何确定泛读与精读的文献？

3. 根据自己的论文选题如何撰写文献综述？

第四篇　论文论证

　　不论撰写何种形式的论文，我们需要的是一个论证的过程，而这个过程要符合逻辑，而不是天马行空，想到什么就写什么。论文论证是一个严密的逻辑思维过程。

　　第一，层次感，而不是平面感。

　　第二，缜密性，而不是一盘散沙。

　　第三，科学性，而不是宣传性。

第4章

学术修辞

关于"天价彩礼"的两种不同的描述

1. 夸张修辞手法

一些农村彩礼频出"天价"。"万紫千红一片绿"(一万张5元钞票、一千张100元钞票和若干张50元钞票)、"一动不动"(一辆汽车、一套房)、"三斤三两"(三斤三两重的100元钞票)、"一二三四五"(一个院落、二层小楼、三斤重的100元人民币、四轮汽车、50岁以下双亲)等"新词新说"成了这一现象的真实写照。

2. 学术修辞写作

代际责任、通婚圈与农村"天价彩礼"——对农村彩礼机制的理解

本文发表于《北京社会科学》,2019(03): 91-100,作者: 杨华.

关于"天价彩礼",文中采用学术修辞的描述:

以"天价彩礼"为代表的婚姻成本已成为农民家庭的一项沉重负担。彩礼的多寡与父代对子代婚姻责任的强弱有关系。在父代强责任的地方,子女婚姻是父母的事情,他们在传统通婚圈内为子女找对象,从而强化了对本地婚姻的偏好,使婚姻的本地市场和全国市场并存。在"性别挤压"和本地女孩外流的双重作用下,婚姻的本地市场竞争激烈,男方家庭只有不断抬高自身的比较优势才能吸引女孩,女方则会竞相索要高额彩礼,从而共同推高了当地的婚姻成本。

学习目的:

1. 了解学术修辞的概念;

2. 了解论文的修辞写作要求;

3. 掌握学术修辞的自觉。

4.1　学术修辞概述

学术修辞，是指在论文写作的过程中，尽可能地利用素材和语词达成表述学术内容的目标。修辞的运用需要不断训练，要将那些修辞的规则内化为自动或至少半自动的写作习惯。

案例分析4-1：乡村振兴战略下的贫困地区可持续性发展研究

本书为专著，由天津大学出版社于 2020 年 4 月出版，作者：杜永红.

书中关于"打破'因婚返贫'的困局"的学术修辞写作内容如下。

农村地区婚丧嫁娶花费大、程序繁、仪式俗，"因婚返贫"已成为脱贫攻坚的绊脚石。因此，要深化移风易俗，合理引导群众，强化正面激励，逐步改变农民落后的观念；要推行村民自治，用乡规民约规范和约束村民行为，尤其要发挥好党员干部的表率作用，从而打破"因婚返贫"的困局。

注意：学术修辞不能口语化，也不能诗意化。

4.2　学术修辞的运用

论文的真正目的在于帮助读者求知、解惑，说白了就是你有没有让本来不知道的人知道。所以，这个时候，你得考虑一个问题：写作时如何运用学术修辞。

论文的陈述不可避免地隐含作者的价值追求，这使论文写作总是不同程度地带有作者的感情色彩。但是，写作论文时作者要尽可能保持克制。学术研究虽不可能完全做到"价值中立"，但要尽可能保持"不介入""不动心"的描述风格，即写作接近"零修辞"写作状态，这也就是学术修辞的特色，学术修辞的要求如下。

1) 尽可能不用主观表达

当研究者说"我们认为"时，究竟谁跟他一起认为呢？ 当研究者说"我们知道"时，人们真的都知道吗？如无注释，最好少用或不用"有研究显示""有学者提出"，不要急于提出"笔者认为""我认为""我们知道"，要尽可能"让事实说话"。

2) 避免滥用感情类词语

论文可以表达不同意，但不必破口大骂，比如，写作中应尽量避免使用"无耻""叫嚣""暴露""揭穿""戳破"等词语。同理，应少用或不用"鼓吹""宣扬""散布"等词语。这些词语似乎更温和，但依然显示了作者的"谩骂"倾向。为避免滥用感情表达，论文中最好不用或少用感叹号。

3) 尽量避免使用修饰性词语

应尽量避免使用"陈词""俗词"和表示奉承的词语，比如，最好少用或不用"深刻地揭示了……""无情地批判了……"等带有强烈价值倾向的表达；最好不用或少用"蓬勃发展""高瞻远瞩""伟大举措"等"大词"。在叙述时应尽量避免使用"不由得""禁不住"等俗词。此外，最好不在"说""回答"等动词前加修饰的副词，尽可能"让话语本身显示说话者的态度和状态"。

4) 尽可能少用夸张修辞

论文写作可以表达作者对某个人或某个观点的赞赏，但最好少用或不用"最……""绝对……"等词语，节制的语言比夸张的语言更冷静，也因此更深刻和更有分量。

5) 尽量少用"装腔作势"类口语

在学术研究领域，几乎没有什么结论是不能怀疑的，动辄使用"毋庸置疑"等词，显得装腔作势；也很少有不言自明的知识，因此最好少用"众所周知"等词。另外，要把"应该"和"是"严格分开，"应该是"属于口语，应用在论文中显得不严谨。

6) 尽可能避免使用教训口吻话语

应尽可能少说"我们应该保持清醒的头脑，绝不……"之类的高姿态的话语。在对经典名著及其作者提出批评时，尤其需要谨慎，应保持必要的敬畏感。

7) 可以使用适当的引导语

为了引起读者特别的注意，可以使用"值得一提的是""特别值得说明的是"等引导语。但是，一旦使用这些引导语，后面所引出的内容就必须显示出"值得注意"的分量。如果只是想做额外的补充，最好直接用"此外""另外"，或以"脚注"和"加括弧"的方式做补充说明。

8) 避免过度使用"言证"

应避免过度使用"言证"，尽量少用某权威人物的言语证明自己的观点，尽可能少用"××说""××说"等排比句式，论证一个观点是否成立，需要提出证据，可以列举有代表性的观点，但不必过度引证。论证是否有效，只有两个路径：采用经验的归纳，或采用先验的演绎。名人名言不能用来论证某个结论是否成立，同时，不要轻易拿名人名言当作权威或真理，要尽可能保持学术研究的独立性和严肃性。

案例分析4-2：新闻报道与论文写作修辞的对比

1) 新闻报道——《被中纪委"秒杀"的贪官：建私家园林 生活极度奢靡》(节选)

经查，陈刚政治上蜕变，丧失党性，毫无信仰，毫无敬畏，对党不忠诚不老实，搞两面派、做两面人，对抗组织审查，不如实说明问题，搞迷信活动；严重违反中央八项规定精神，利用职权建造供个人享乐的豪华私家园林，弄虚作假，违规多占住房，违规出入、独占私人会所，长年无偿占用酒店豪华套房，接受可能影响公正执行公务的旅游安排；经济上极度贪婪，长期利用规划审批的重要职权大肆敛财，为亲属经营活动谋取利益，大搞权钱交易，收受巨额贿赂；生活上极度腐化奢靡，道德败坏，肆无忌惮追求个人享乐，严重败坏党的形象。

2) 论文写作——《经济责任审计创新与发展研讨会综述》(节选)

本文发表于《审计研究》2019(02): 35-38, 作者：王慧.

随着经济责任审计全覆盖的深入推进，实践中遇到的问题逐渐凸显。一方面，经济责任审计覆盖面广泛与审计资源有限之间的矛盾始终存在，推进经济责任审计全覆盖任务艰巨。截至 2018 年 10 月，全国共有 34 个省级行政区(不含港澳台地区，下同)、344 个地级行政区、2851 个县级行政区、39 888 个乡级行政区，102 户国务院国资委监管的中央企业以及各部委各地方下属的国有控股企业与事业单位。这些企事业单位的领导干部都是经济责任审计的监督对象，而各级审计机关和企事业单位的内部审计人员数量有限，难以在短时间内兼顾经济责任审计的广度和深度。另一方面，经济责任审计项目计划还不够科学。目前，一些地方审计机关的经济责任审计工作普遍由组织人事部门根据政府机构换届调整岗位、集中发生干部任免等提出计划安排建议，审计机关在项目计划安排上的主动权较小。由于领导干部任命时间比较紧，特别在党委、政府换届时，领导干部任免较集中、涉及人员较多，导致审计机关需要在短期内完成多名领导干部的经济责任审计。有的地方领导干部调整较频繁，出现了经济责任审计跟不上领导干部调整的现象。

4.3　学术修辞的自觉

4.3.1　角色的自觉

写论文要让读者看明白，通过文章这个媒介，达成共识，获得认可，相互理解。作者要明确自己的角色。

作者就必须尽可能地把自己的观点写清楚，避免歧义，让读者最大限度地获取信息和观点。既然作者是老师，他就要像老师一样循循善诱，细致耐心地将自己的研究娓娓道来，既要尊重读者，又要清楚自己的知识提供者的角色，有意识地将自己所知的事实或道理准确地传递给读者。

真正的论文写作，应该以读者期待的方式，以社会认可的标准和价值来书写自己的想法，因为只有通过这种方式写作，你才能更加理解自身写作的价值，并理解自身的想法，这是一个不断对自己的作品进行对象化的过程。

4.3.2　表述自觉

写作是研究的呈现与延续，写作并不是简单地把研究过程呈现出来。研究过程是从不知到知的探索过程，而写作过程则以如何更好、更准确地传递研究结论为目的。有时不一定要按照研究顺序来组织写作，甚至不一定按照事物发展的顺序来阐释，而是以观点阐述为原则来组织文章。

作者在表述事实和道理的过程中，必须有一个一以贯之的"写作线索"，这个写作线索并不是故事本身的线索，而是为了表述观点而建构出来的线索。这个建构的写作线索就是表述自觉的体现。

修辞在论文中至少有三重功夫要做：准确、到位和逻辑。

1) 遣词造句一定要准确

所写的每一句话一定要有所指，要实，而不要空，空话连篇的文章一般都不能有效取信于读者。同时，要统一全文的表达术语，尽量避免同义词的歧义，如果能用一句话说清楚，就不要用两句话。

2) 推敲意思是否表述到位

"过"与"不及"都不是理想状态，写文章贵在中和，表述的分寸要刚刚好。

对材料的解读和分析是不是恰当，有没有过于简单，或者过度阐释？文章内容有没有重复？

3) 写作一定要有逻辑

要有固定的表述逻辑。逻辑就是上一节与下一节、上一段与下一段、上一句与下一句都有机地串联在一起，像是"一条绳上的蚂蚱"。写作一定要不断地去质疑自己的表述逻辑是否严谨，上下文之间的联系是否连贯。

最好是"先实后虚"，先摆事实，再讲道理，即先把故事性的、实实在在的材料和背景等信息交代清楚，让读者有一个面上的把握，然后再由面入点，在前面信息铺垫的基础之上深入地进行理论讲解。

4) 规范自觉

应该尽可能地让自己的表述符合规范，尽量使用最准确、明确和符合逻辑的文字来组织文章，以便规避歧义。

(1) 文字规范。有些作者写文章喜欢用一些"新颖"的词语，甚至发明一些新词，但是，从写作规范的角度来看，这未必是一件好事。不要一意孤行，掺杂太多个人的臆断和私意。

(2) 格式规范。有的文章只有两个关键词，有的文章整篇不分节，有的文章的前半段使用"21 世纪"，后半段则使用"二十一世纪"，等等。单看其中一点，好像都是一些小问题、小毛病，但是它们却综合地反映了作者的治学态度、期刊的编辑水平。

(3) 注释规范。注释既包括对于文章某些内容的注解，也包括参考文献等信息。注释的目的在于让读者更准确地了解其辅助信息、参考信息，便于读者进一步索引、阅读和使用。作者一定要自觉地按照规范将注释做得清楚、正确和完整。

案例分析4-3：《经济责任审计创新与发展研讨会综述》一文关于"关于经济责任审计全覆盖"学术修辞的写作方法

在组建中央审计委员会和审计体制改革不断深化的大背景下，推动适应新时代要求的经济责任审计创新和发展，是构建集中统一、全面覆盖、权威高效的审计监督体系，实现审计监督全覆盖的战略要求。

1) 框架结构

一是要提高政治站位，谋划经济责任审计发展战略。

二是创新经济责任审计计划管理体制。

三是要坚持统筹规划、科学安排、分类实施的原则。

四是积极推进经济责任审计信息化建设，坚持科技强审，提高审计监督效率。

2) 学术修辞表述

关于"积极推进经济责任审计信息化建设，坚持科技强审，提高审计监督效率"的学术修辞表述如下。

加强经济责任审计信息数据库建设，广泛收集并及时更新经济责任相关数据，结合不同层次不同岗位领导干部的履职特点，建立健全经济责任审计信息数据分析管理平台；完善审计对象和审计结果数据库，为制订审计中长期规划和审计计划提供数据支撑；加强各领域、各层级、各系统间的数据关联和相互印证关系分析，充分发挥信息技术在分析数据、查找疑点、查核问题、归纳提炼等方面的作用，破解审计人力不足的难题，推动经济责任审计向纵深发展。

本章小结

本章首先介绍了学术修辞的概念，然后又讲述了学术修辞的应用，最后从自觉性视角讲解"零修辞"写作方法，重点要掌握论文"零修辞"写作的方法与技巧。

思考与练习：

1. 论文为什么采用"零修辞"写作方法？

2. 学术修辞写作方法与技巧是什么？

3. 仔细思考一下，围绕自己的论文选题应如何开展学术修辞写作？

第5章

论文谋篇布局与论证

📖 **案例导读**

《乡村振兴战略背景下网络扶贫与电子商务进农村研究》一文的论文框架结构

本文发表于《求实》2019(03)：97-108，作者：杜永红.

论文框架结构如图 5.1 所示。

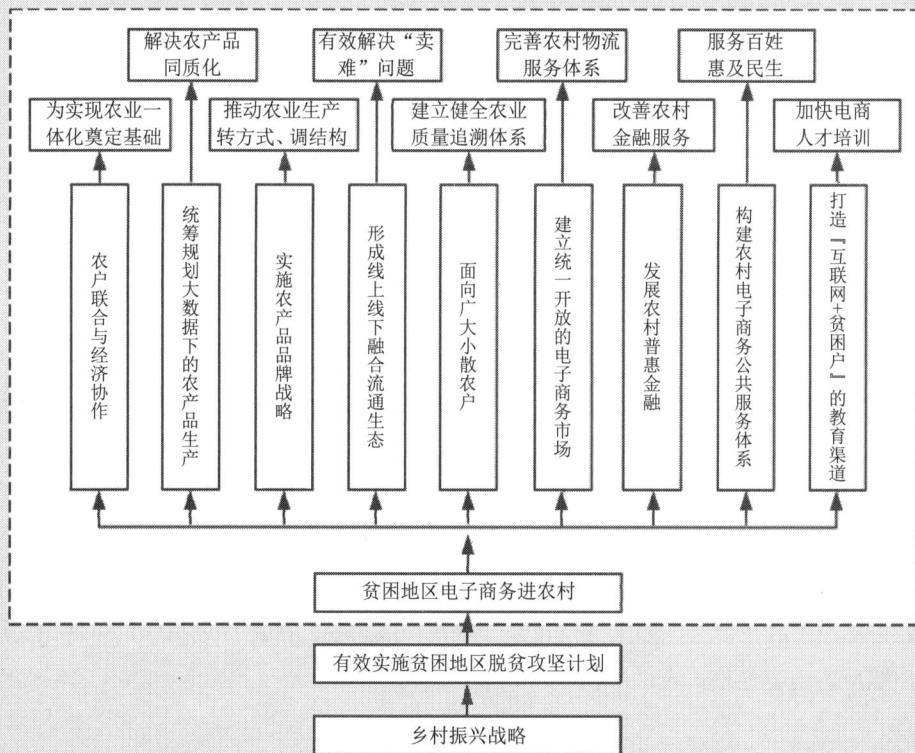

图5.1　论文框架结构

学习目的:
1. 了解谋篇布局构思;
2. 把握论文写作线索;
3. 明确论文的框架结构;
4. 掌握论文的论证方法。

5.1 谋篇布局概述

论文的谋篇布局,谋是指计谋;篇是指一篇学术文章;布局是指对文章的整体结构所做出的规划安排。

撰写论文必须要有一个谋篇布局的意识,文章整体上要有一套稳定的框架结构,依据结构有意识地进行布局。在构思过程中,要根据主题的要求考虑应选择何种论文类型,怎样安排结构,段落之间如何衔接等。谋篇布局,应从全局着眼,统筹安排结构,合理组织材料,使之更好地为表现主题服务。论文的谋篇布局主要从以下四个方面考虑。

1) 根据主题进行谋篇布局

没有主题,布局谋篇只能算是空想。关于根据主题进行谋篇布局,属于主题与文章结构的关系问题。解决好这一问题,文章的框架就基本上能够构建起来了。

2) 根据具体材料进行谋篇布局

没有具体材料,空有框架,文章只不过是一张死皮。没有材料,就无法检验布这个局、谋这个篇的效果如何,只有把具体的材料放到具体的框架中去考虑,并处理好它与具体的框架之间的关系,才能使文章的结构丰满起来。

3) 根据论文类型进行谋篇布局

不同类型的论文对文章的主题与具体材料的选取要求各不一样,如果在谋篇布局时忽略这一问题,则会容易导致文不对题,例如,撰写定量研究类论文与撰写定性研究类论文谋篇布局就会截然不同。

4) 要有明确的写作提纲

写作提纲类似一张建设蓝图,可以帮助作者自己勾勒出全篇论文的框架或轮廓,体现自己经过对材料的消化与进行逻辑思维后形成的初步设想,可计划先写什么,后写什么,前后如何表述一致,重点又放在哪里,哪里需要补充一些注释或解说。按此计划写作,可使论文层次清晰,前后照应,内容连贯,表达严密。

5.2 谋篇布局之构思

1) 构思要围绕主题展开

若要使论文写得条理清晰、脉络分明，必须使全文有一条贯穿线，这就是论文的主题。主题是一篇论文的精髓，它是能够体现作者的学术观点与学术见解的。论文影响读者主要就是靠其主题来实现的。因此，下笔写论文前，谋篇构思就要围绕主题，构思要为主题服务。正如法国的画家米勒(Millet)所说："所谓构思，是指把一个人的思想传递给别人的艺术"。

2) 构思论文布局，要力求结构完整

在构思一篇论文时，有时会发现需要按时间顺序编写，有时又会需要按地理位置(空间)顺序编写，但更多还是需要按逻辑关系编写，即要求符合客观事物的内在联系和规律，符合科学研究和认识事物的逻辑，但不管属于何种情形，都应保证合乎情理、连贯完整。有时，构思出现几种写作方案，这就需要进行比较，在比较中，随着思考的不断深化，写作思路又会经历一个由庞杂到单纯，由千头万绪到形成一条明确线索的过程，此时，应适时抓住顿悟之机，确定一种较好的方案。

3) 要树立为读者服务的意识

撰写并发表任何一篇论文，其最终目的都是让别人读的，因此，构思时要"心中装着读者"，要树立为读者服务的意识。有了清晰的读者对象，才能有效地展开构思，也才能顺利地确定立意、选材以及表达的角度。对于论文来说，其读者对象为同行专业读者，因此，构思要从满足专业需要与发展的角度出发，确定取舍材料与表达的深度与广度，明确论文的重点。如果一篇论文包含重要性不同的几个论题，作者应分清主次，考虑如何由次要论题向主要论题过渡，以引起专业读者的兴趣。

5.3 谋篇布局之线索

5.3.1 论文的写作线索

写文章要找到一个统贯全文的写作线索，然后以它为核心，从文首贯穿到文末，通过写作线索，将全文贯穿起来。

论文的写作线索最好是简洁明快的直线，所有的内容都围绕一个中心来写。确定一个统贯全文的写作线索，然后以它为核心，组织文章，统筹文章。叶圣陶先生说过："思想是有一条路的，一句一句，一段一段，都是有路的，好文章的作者是决不乱走的"。这里的路就是指一条写作线索。

一要举其"纲"，要有中心论点，统领各个分论点；二要张其"目"，要有一个确定的写作主线，贯穿各个分论点，决定论证沿什么途径展开；三要使二者结合，即"纲举目张"，清楚地分出各个论点并列的或从属的关系，分出亲疏远近，以便有秩序、有层次、有步骤地表现中心论点。只有做到了以上几点，才能全局在胸，将论文合理地组织起来，做出恰当的布局和安排，如图5.2所示。

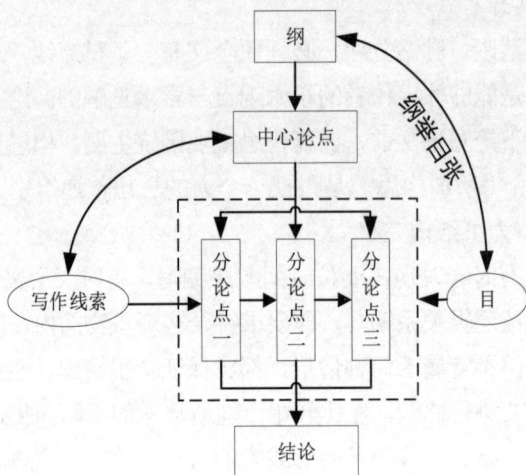

图5.2　纲举目张

5.3.2　论文的起承转合

论文写作就像串珠子，写作线索就是那条线，文章素材就是那些珠子，不仅写作线索要一以贯之，而且这些珠子之间也要有机地联结起来。

"起"，就是起因，在文章的开头提出论点或论题，分为：正起式与反起式。

"承"，就是承接，就是承接中心论点从正面或从反面阐述自己的观点。

"转"分三种情况：由正面论述转入反面论述叫"反转"；由反面论述转入正面论述叫"正转"；由正面论述进而转入更深层意义的论述叫"进转"。

"合"，就是文章全文的总结、综合，代表全部论证的结束。

简单一点讲，"起"，就是开头；"承"，就是承接上文阐述；"转"，就是转折，从另一方面生发开去；"合"，就是结束上文。这四字是对文章写法的总括。

案例分析5-1：《联合审计对完善我国审计监管机制的启示》一文的起承转合

本文发表于《现代审计与经济》 2019(02): 10-15，作者：杜永红.

论文的写作线索是"如何抑制企业舞弊"。"起"：从"企业舞弊问题屡禁不止"切入，对企业舞弊现状进行叙述。"承"：分析审计不能及时有效发现舞弊行为的原因。"转"：分析联合审计对审计质量与审计市场集中度的影响。"合"：提出联合审计对完善我国审计监管机制的借鉴性。论文框架结构如下。

一、引言

二、全球与中国职场舞弊现状

1. 全球职场舞弊调研情况
2. 中国企业舞弊现状调查

三、审计不能及时有效发现舞弊行为的原因

1. 舞弊行为难以在有限时间内发现
2. 审计抽样的风险性是不可避免的
3. 内部审计独立性、权威性差
4. 注册会计师实施审计舞弊
5. 会计师事务所未勤勉尽责情况

四、联合审计对审计质量与审计市场集中度的影响

1. 联合审计的发展历程
2. 与单一审计相比，联合审计的优势

五、联合审计对完善我国审计监管机制的启示

1. 借鉴国际审计经验倡议引入联合审计思维
2. 逐步推行换师与换所并举的轮换制度
3. 加强内部审计与外部审计的协同合作

5.4　谋篇布局之结构

5.4.1　论文的结构

人有脊椎骨骼，文有篇章结构。论文结构主要包括两部分：前置部分和主体部分。

前置部分包括标题名称、作者、摘要和关键词；主体部分包括引言、研究综述、分析论证和结论，如图5.3所示。

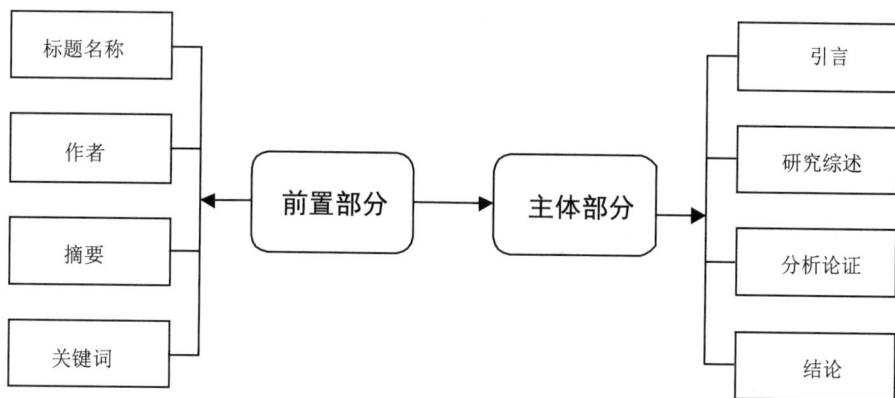

图5.3　论文的结构

5.4.2 论文每个部分各司其职

要使得论文的每个部分各司其职，且有机地联系起来。

1) 引言

提出研究问题，让读者打开研究视野，明白文章的最终研究目的是什么。这相当于前面有一番美景，然后指着美景对读者说："看！"然后，解释这一篇文章要达到什么研究目的。

2) 研究综述

研究综述的功能在于在研究问题的基础之上，系统而完整地回顾既有的研究在这个研究问题上都有什么贡献，就比如说，在大家的视野中，都有什么房子。

3) 分析论证

这一部分主要是为了说明在前人的研究基础之上，想说点什么新东西，比如说，在以前的那些房子之外，还能盖一个什么样的新房子。在这一部分，要把研究的具体部分都呈现出来。

4) 结论

这一部分的功能在于回顾所有的论点，对所研究内容有一个概括性的陈述，同时还要对研究问题进行总结、提炼和升华。

5.4.3 论文各部分有机联系

1) 如何从引言过渡到研究综述

这一部分主要是要提出一个目标，划定一个研究视野，提出研究的必要性——文章那么多，为什么要看这篇文章呢？为何要多此一文呢？这时候，要把学界的大部分研究内容呈现出来，让大家知道文章研究视野何在。

2) 如何从研究综述过渡到分析论证

这一部分的关键在于如何提出对话点，也就是说，如何把新的研究嫁接到既有的研究脉络上，边际贡献是什么，相对于其他人的研究，这篇论文的研究有何差异。

3) 如何从分析论证过渡到结论

这一个过渡是从分到合，一定要有"合"的意识，要把整篇文章的主旨在结论中体现出来，概括性地把通篇意思写出来，但是又不能纯粹地进行简单的写，要有提炼升华的意识。

案例分析5-2：《"一带一路"背景下的境外国有资产审计监管研究》一文的每个部分各司其职，又有机联系

本文发表于《会计之友》2018(24): 113-118，作者：任芳，高欣.

引言

引言部分如图 5.4 所示。

在"一带一路"建设的过程中,由于境外投资风险性大,导致中国企业面临更大的挑战。同时暴露出诸多问题,中国国有控股企业产权不明、缺乏监管等,更加大了审计监管的难度。近年来由于监管疏漏,我国境外资产亏损事件频繁发生,不仅冲击着经济的发展,也阻碍了我国"一带一路"建设的进一步推进。如何有效加强对国有控股企业资产运作的审计监管,确保境外国有资产保值增值,维护国家经济安全是当前急需解决的一个重要问题。

图5.4 引言部分

从引言过渡到研究综述——如何有效加强对国有控股企业资产运作的审计监管,确保境外国有资产保值增值,维护国家经济安全是当前急需解决的一个重要问题。

研究综述

……(前面省略)

上述文献为解决境外资产审计监管的问题提供了重要的理论指导。但是针对境外国有资产审计监管实践的探索较少,大多集中于东道国环境政策分析与路径选择的研究,未能形成系统的审计监管体系。(指出已有研究存在的不足或欠缺,导出本文的研究目的所在。)

从研究综述过渡到分析论证——通过进一步分析当前境外国有资产监管的现状及存在的问题,借鉴国外监管模式,深入研究"一带一路"倡议背景下境外国有资产审计监管,有助于各级审计机关加强对"一带一路"倡议项目落实情况的审计,促进各项规划的制定,提高专项资金的使用率,防范国有资产流失。

分析论证

……(前面省略)

二、我国境外资产及其监管现状

(一) 境外资产现状

(二) 境外资产监管现状

(三) 强化境外资产监管的紧迫性

上述(一)、(二)、(三)部分紧扣主题,具有层层递进关系。

三、境外国有资产审计面临的困境

(一) 境外资产审计监管难度加大

(二) 公共投资审计任务加重

(三) 政策落实与跟踪审计不同步

(四) 境外国有资产审计法律制度不健全

四、国外境外国有资产监管模式

(一) 政企分开，监管分工

(二) 公开而专业的监督

(三) 中央和地方产权明晰、分工合理

(四) 注重对国有控股企业出资人进行审计

从第四部分过渡到第五部分。

国外一些先进的监管模式对我国仍有借鉴意义，像美国，在审计署之外再建立专门的执法监督机构防范国有资产流失；借鉴西方国家充分发挥社会审计以及媒体公众监督的力量，强化对境外资产的监督；借鉴西方国家注重对国有控股企业出资人进行审计的监管模式。通过借鉴、学习不断优化完善我国境外资产监管对策。

五、加强境外国有资产审计监管的对策

(一) 优化境外资产审计监管模式

(二) 公共投资审计与金融审计相结合，侧重绩效审计

(三) 积极开展政策落实跟踪审计

(四) 完善境外审计监督体制，健全境外审计法律制度

上述第五部分(对策)与第三部分(困境)具有相互对应关系。

5.5　论证的逻辑性与规范性

论文，关键在"论"，论文的整个内容就是一个说理的过程，论证是论文最重要的特征，也是一个严密的逻辑思维过程，因此应具有论证的逻辑性和规范性。

5.5.1　层次感，而不是平面感

好的论证逻辑一定是立体的、有层次感的，而不是只有平面感的。好的论证逻辑就像剥洋葱，一层一层剥到中心，最后才知道洋葱的中心究竟是什么。而平面性的论证逻辑缺乏新奇感，就像摊大饼，一开始就知道大饼的中心是什么了，所以这样的论证不会给人遐想，也不会带来新奇感。好的论文，要给读者带来新奇感。

5.5.2　缜密性，而不是杂乱无章

论证缜密性体现的是作者的思维能力，也体现作者对专业知识掌握的程度。专业基础扎实的，其逻辑思维能力肯定要强。相反，没有扎实的专业根基，那么其论证肯定是碎片化的。碎片化的专业知识，碎片化的观点，就导致了碎片化的论证逻辑。有不少论文，基本上就是用1、2、3、4……进行罗列，而缺乏缜密的逻辑推理和逻辑证明。

5.5.3　科学性，而不是宣传性

学术研究无疑是一个求真的过程，这一过程需要通过大量的事实或史料经过逻辑论证之后才能得出结论。正是这样，学术才具有真理性和科学性。要泡图书馆、档案馆，要做实地调查，而不是只收集二手材料和二手数据，并且先预设一个价值立场，用这些材料和数据来证明这个预设的立场或观点。正确的方法是在阅读大量文献、进行充分的调研之后而再形成新的观点，然后再通过更多的材料来证明你的观点的科学性。

5.5.4　学理性，而不是口语化

学理是指科学上的原理或法则，学理性是指以科学的原理或法则进行论文的论证。口语化是指使用日常交流时的语言，强调的是让读者能看得懂，结构相对简单，语言组织随意。论文并不像其他体裁的文学作品，要求人人都能看得懂，而是呈现给有相关专业背景的人去了解作者的已做学术研究，以及在此基础上进行深入研究。因此，论文应具有学理性，必须要超越日常生活的口语化表达，要避免素材、证据、文字的随意堆砌。

5.5.5　严谨性，而不是随意性

研究是一个求真的过程，因而研究者在论文写作中必须要有严谨的态度，但是部分人的浮躁助长了其学术上的各种不端行为，例如随意使用数据。论文中使用的数据必须是权威机构发布的数据，但一些作者在选取数据时太随意，不了解机构本身的权威性，有的甚至因找不到数据的来源而随意改动数据，导致数据失去了真实性；或者所用材料和文献是手中有什么就用什么，结果把错误的文献内容引入自己的论文中，导致论文出现硬伤。

5.5.6　围绕核心问题展开论证，而不是天马行空

论文肯定有一个核心观点，论证过程中就必须围绕这个核心观点展开，所有材料的目标都是指向这个核心观点的，而不是从核心观点延伸出去。一旦延伸出去就有可能偏离主题。然而，部分作者完全是为了凑字数，论文的关键词非常多，几乎是每一小节讲述一个关键词，整篇论文很有可能是一个"拼盘"，而不是在一个关键词或者一个核心观点统领之下的论文。结果，篇幅很长，但不知所云。这样的文章不是一篇好的论文。

5.6 谋篇布局之论证

论证部分是整个论文的核心，集中体现着研究者的工作量和创新。

5.6.1 论文的思路设计

论文的思路体现了研究者提出问题、分析问题、解决问题的前后相承的逻辑过程。思路的设计对于论文特别是论证部分，有着至关重要的意义。对于思路设计，主要从结构形式和推理方法两个方面进行介绍。

1) 结构形式

在进行思路设计时，研究者可针对不同的实际研究问题，采用不同的结构形式。

(1) 并列式结构。研究者在论证中心论点时，从几个平行的角度分别论证。

(2) 对照结构。研究者将几个分论点或几个论据进行对照，形成鲜明的对比，从而突出中心论点。经过对照比较，就有了鉴别，孰是孰非，一目了然。

(3) 层进式结构。研究者采用层层推进、步步深入、环环相扣的方式来证明论点，从而由小到大、由浅入深地把道理说深说透。

(4) 总分式结构。研究者先针对研究对象提出论点，然后围绕中心，从不同角度提出分论点，展开论述，最后进行总结，具体而言，又有总分、分总、总分总三种形式。

案例分析5-3：《乡村振兴战略下的贫困地区可持续性发展研究》

本书由天津大学出版社于2020年4月出版，作者：杜永红.

专著第八部分"乡村振兴战略下的贫困地区可持续性发展"的结构形式，如图5.5所示。

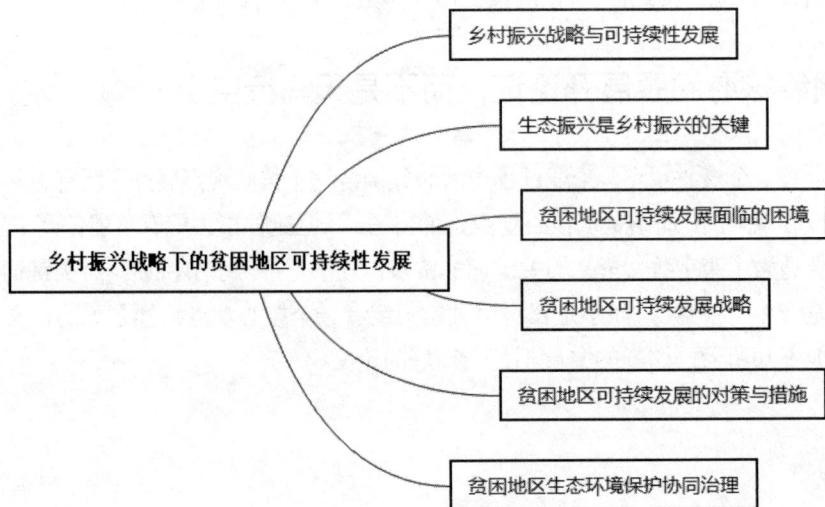

图5.5 论文结构形式

2) 推理方法

推理方法是人们认识客观现实、获得新知识的重要逻辑方法，常用的逻辑推理方法有三种。

(1) 归纳推理方法。从个别的或特殊的经验事实出发，从而总结、概括出一般性原理、原则的一种推理方法。

(2) 演绎推理方法。从普遍性结论或一般性事理导出个别性结论。

(3) 类比推理方法。根据两个对象在某些属性上相同或相似，通过比较而推断出它们在其他属性上也相同的推理过程。

5.6.2　论文的论证方法

论证的方法是将论点与论据有效地组织起来，也就是说用论据来证明论点的方法与过程。论证的常用方法有以下几种。

1) 事实论证

事实论证是一种从材料到论点，从个别到一般的论证方法，一般是开门见山地提出论点，然后再围绕论点逐层运用观察到的事实材料来证明论点，最后归纳出结论。

案例分析5-4：在《联合审计对完善我国审计监管机制的启示》一文中关于"欧共体为什么采用联合审计"的描述

法国法律要求任何上市公司、任何银行或其他金融机构，以及任何编制合并财务报表的公司，必须要指定两家以上不同的会计师事务所分担审计工作并共同签署审计报告。该项法律已确定为审计工作的实践标准，要求两名审计员均衡分工，以确保建立有效的双重控制机制。据 2009 年法国上市公司审计情况统计数据显示，97% 的上市公司采用了联合审计。

2008 年的金融危机使全球投资者对"审计的作用和有效性"提出质疑，在 2010 年，欧洲委员会(EC)倡议推动联合审计以提高审计质量和降低审计市场集中度。欧洲委员会认为，自 1966 年以来一直强制执行联合审计的法国，与任何其他欧盟(EU)国家相比，审计市场集中度较低，因此，欧共体主张采用联合审计。

2) 理论论证

理论论证是根据公认的成熟理论来证明论点，是一种演绎推理，比如很多论文的研究基础为"索洛余值法"。

案例分析5-5：《中国经济减速的原因与出路》一文的理论依据

本文发表于《中国人民大学学报》，2016(06)：64-75，作者：方福前，马学俊.

《中国经济减速的原因与出路》一文的理论依据如图5.6所示。

（二）模型方法的选择

目前，测算 TFP 的方法主要有两大类：参数方法和非参数方法。参数方法包括索洛余值法、隐性变量法和前沿生产函数法，非参数方法包括 Malmquist 指数方法和 HMB 指数方法。比较起来，大多数研究者还是使用索洛余值法。[6]

按照经典的索洛余值法，设总量生产函数为[7]：

$$Y_t = AK_t^{\alpha}L_t^{\beta} \tag{1}$$

图5.6　理论依据：索洛余值法

3）类比论证

根据两个研究对象在某些属性上的相同或相似，推论两者在其他属性上也相同或相似，属于类比推理，比如：

A 具有 a，b，c，d 属性，而 B 具有 a，b，c 属性(已知)，所以 B 可能也具有 d 属性。

4）对比论证

对比论证是一种求异的思维方式，其侧重于从对事物的相反或相异属性的比较中来揭示需要论证的论点的本质。

5）因果论证

因果论证是运用事物之间的明显因果关系来展开论证。

案例分析5-6：在《联合审计对完善我国审计监管机制的启示》一文中关于"与单一审计相比，联合审计的优势"的描述，属于因果论证

联合审计能够有效地提高审计能力和保持审计的独立性。从能力角度分析，在审计业务执行过程中，某个会计师事务所的审计师可能缺乏审计经验，或者审计的专业胜任能力较弱，在联合审计环境中，采用两个审计师轮换执行审计任务，通过相互协作，可以弥补其能力方面的不足。从独立性的角度分析，在联合审计环境中，两个审计师采用的是交叉审查，会对审计师的独立性产生积极影响，被审计单位与会计师事务所之间的经济关联会导致审计师独立性受损，在联合审计环境中，由于经济关联导致的审计舞弊要低于单一审计系统。

6）比喻论证

用比喻或者打比方的方式来论证，在比喻论证中，比喻者是一组形象事例，其中包含着一定的关系和道理，被比喻者则往往是抽象的。

5.6.3　论文的分析论证过程

论文的分析论证过程是一个涉及许多活动的不断循环的过程，该过程既可始于理论，亦可终于理论。研究者已经选择了一个有意义的研究问题，并且已经做了相关的文献回顾。一旦认为问题很重要、值得研究，而已有的文献对该问题不能提供有意义的答案时，研究过程就可以从理论或者观察开始。从理论开始的研究被认为是演绎导向的假设检验研究，而从观察开始的研究则被认为是归纳导向的建立理论研究。如图 5.7 所示，归纳导向的研究方法位于循环的左边，演绎导向的研究方法位于循环的右边。

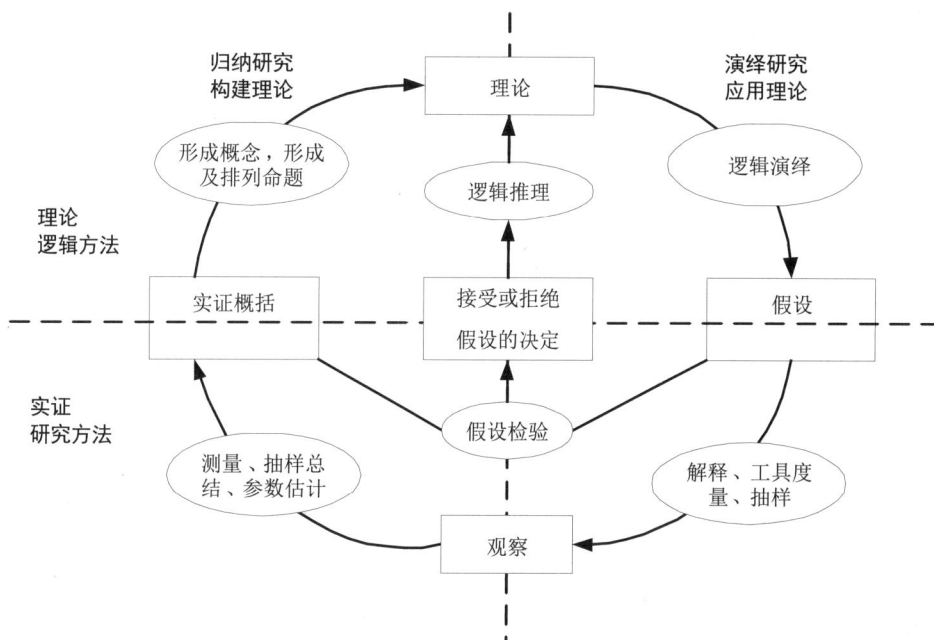

图5.7　分析论证过程

5.6.4　实证研究方法

1) 提出研究假设

研究假设是有待检验的尝试性或不确定断言，可以看作是理论的先导。作为尝试性断言，研究假设所采取的形式可以是对一个预期结果的简单判断，也可以是对一种关系(多种力量、事件之间的多个关系)的断言。研究假设是推理过程的结果，是可检验的，是经得住反驳的。

研究假设是概念化和分析性研究过程中必不可少的组成部分。如果研究假设得到证实，就会成为未来理论结构的一部分。研究假设与理论之间的关系非常密切，对于整个论证具有引领作用，有助于论证的组织和操作。

进行研究假设时也很容易遇到问题。这些问题一般是因为缺乏明确的理论框架或理论知识，不能合乎逻辑地运用假设，即产生于不能将理论整合进行推理的过程中；也有可能是由于不知道如何将理论与所研究问题的实际情况相联系而造成的，所以在进行研究假设时，要有一个不断修正的过程。

案例分析5-7：《房价、城市规模与工资性收入差距——基于中国32个大中城市面板数据的实证检验》一文的研究假设

本文发表于《财经理论与实践》2019(05)：95-101，作者：鞠方，李文君，于静静.

命题1　在其他条件不变的情况下，土地价格的上涨，会导致工资性收入差距的缩小。

命题2　在其他条件不变的情况下，城市规模的扩大，会导致工资性收入差距的缩小。

2）构建经济模型

经济模型是对现实的社会经济现象和问题的抽象，其形成全部或部分地来自经济理论。经济研究中的模型常常使用数学方程来表示，如图5.8所示。当然，有些经济模型也可以不求助于数据，可以是基于经验的，或是基于理论的。

经济模型的作用是解释一种经济关系或一种经济制度如何起作用，从而弄清使现象得以产生的因素和力量，并尽可能详细地说明这些力量是如何起作用和相互作用，从而引发这一社会经济现象的。为了解释一组特定社会经济现象和应用于特定目的，研究者往往对理论做出改造，从而形成经济模型。

如果经济模型能够解释一组现象如何起作用，则该模型可以被用于预测社会经济现象变化的方向，并确定经济政策工具如何可以用于影响这一变化。

案例分析5-8：《房价、城市规模与工资性收入差距——基于中国32个大中城市面板数据的实证检验》一文的经济模型

《房价、城市规模与工资性收入差距——基于中国32个大中城市面板数据的实证检验》一文的经济模型如图5.8所示。

模变动对工资性收入差距的影响。故本文将构建的计量模型如下：

$$igp_{jt} = \alpha_0 + \alpha_1 igp_{jt-1} + \alpha_2 \ln hp_{jt} + \alpha_3 \ln n_{jt} + E_1 \times Y_{jt} + \varepsilon_{jt} \qquad (18)$$

为了更好地分析房价与城市规模的交互效应对工资性收入差距的影响，在方程（18）的基础上进一步引入房价与城市规模的交互项，具体如方程（19）所示：

$$igp_{jt} = \beta_0 + \beta_1 igp_{jt-1} + \beta_2 \ln hp_{jt} + \beta_3 \ln n_{jt} + \beta_4 \ln hp_{jt} \times \ln n_{jt} + E_2 \times Y_{jt} + \mu_{jt} \qquad (19)$$

其中，igp_{jt} 表示 j 城市第 t 期的工资性收入差距，$\ln hp_{jt}$ 表示 j 城市第 t 期的房价，$\ln n_{jt}$ 表示 j 城市第 t 期的人口规模，$\ln hp_{jt} \times \ln n_{jt}$ 表示房价与城市规模的交互项，Y_{jt} 表示其他影响工资性收入差距的控制变量，E_1 和 E_2 是控制变量的系数矩阵，ε_{jt}、μ_{jt} 为随机误差项。

图5.8　经济模型

3) 实证类论文的行文结构

实证类论文的行文结构主要包括：引言、文献综述、研究假设、研究设计、实证检验与结果分析、结论与建议等，如图 5.9 所示。

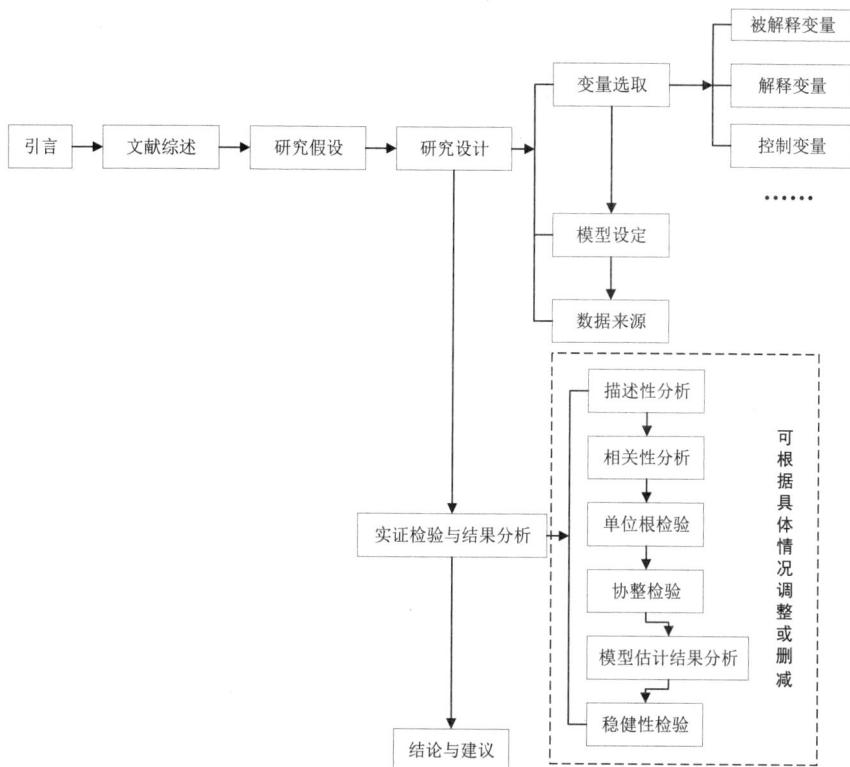

图5.9　实证类论文的行文结构

4) 分析论证过程中的注意事项

(1) 要提炼出小标题，结构清晰，层次分明；

(2) 要提炼出论文的主要观点；

(3) 既有理论分析又有数据支持；

(4) 语句通顺，标点正确；

(5) 所有数据必须标明来源，所有引用必须标明来源。

本章小结

本章主要介绍如何进行论文的谋篇布局，明确论文的写作线索，围绕写作线索确定论文的框架结构，每一个章节的学术观点如何进行分析论证，且每一部分既各司其职，又相互联系，重点要掌握论文框架结构的确定及论证的方法与过程。

思考与练习：

1. 论文如何进行谋篇布局？

2. 论文的论证方法有哪些？

3. 结合自己的选题确定论文框架，并进行分析论证。

第6章

论文引言和结语撰写

《乡村振兴战略背景下网络扶贫与电子商务进农村研究》

本文发表于《求实》2019(03): 97-112, 作者: 杜永红.

引言:

(开宗明义)电子商务进农村作为一项国家战略, 引领着农村经济转型发展的方向。

(梳理政策导向和国家政策文件)

2016年11月29日, 总书记在全国网络扶贫工作现场推进会上指出, 要实施网络扶贫行动, 推进精准扶贫、精准脱贫, 让扶贫工作随时随地、四通八达。

2017年中央一号文件首次将"推进农村电商发展"单独陈列, 文件中明确提出要"深入实施电子商务进农村综合示范工作", "推进'互联网+'现代农业行动", 将农村电子商务发展、"互联网+农业"作为推动供给侧改革的新产业业态。

2018年9月26日, 中共中央、国务院印发的《乡村振兴战略规划(2018—2022年)》提出, 深入实施电子商务进农村综合示范, 建设具有广泛性的农村电子商务发展基础设施, 加快建立健全适应农产品电商发展的标准体系。

(提出论文的中心论点)近年来, 农村电子商务迅速崛起, 促进了当地经济与产业的快速发展, 推动了传统市场的变革, 实现了贫困家庭的脱贫和能力提升, 对促进产业扶贫开发具有显著作用。

(引言写作思路)从国家的大政方针入手, 梳理了2016—2018年农村电子商务方面的政策导向和国家政策文件, 并明确提出论文的中心论点, 即发展农村电子商务能够提升贫困家庭的脱贫能力, 对产业扶贫开发具有显著的促进作用。

(结语)电子商务日趋成为贫困地区区域经济发展新的着力点, 构建与完善网络扶贫下电子商务进农村的服务、物流、金融、质量溯源、人才培训体系, 将优化贫困地区区域经济空间布局，加快农村经济转型升级，促进精准扶贫可持续发展。

(结语写作思路)先总结全文研究内容，再次强调电子商务是贫困地区区域经济发展新的着力点。

学习目的：

1. 了解如何统合论文的论点；
2. 掌握论文引言的撰写方法；
3. 掌握论文结语的撰写方法。

6.1　论文如何统合论点

一篇好的论文，首先起源于一个好的研究问题。而文章是否值得刊发，主要看文章是否有效地回答了研究问题，也就是说，文章是否具有一个完整、有效的结论，即文章论点。论点对于论文至关重要，它就像整篇文章的心脏，可以说，没有论点，就没有论文。

论文不仅要有论点，而且这个论点必须是整篇文章的核心，文章的布局、谋划和行文都要服务于中心论点，即统合论点。

6.1.1　论文统合论点的重要性

研究论点是研究历程的终点，而同时也是写作历程的起点。从文章的整体贡献而言，所谓的研究创新、研究推进，主要也是就研究论点而言的。没有论点，学术创新、学术进步统统都无从谈起。

1) 论点即答案

论点，也就是对研究问题的最终回答，论点即答案。从读者的角度思考，他们之所以愿意阅读某篇论文，一定是因为这篇论文为他们思考的某个问题提供了有效的答案。

案例分析6-1：《中国经济减速的原因与出路》一文的论点

本文发表于《中国人民大学学报》2016(06)：64-75，作者：方福前，马学俊.

研究者用经典的索洛余值法估计全要素生产率(TFP)时通常假定资本—产出弹性系数 α 是常数，这既脱离经济实际，也导致估计结果偏差。运用广义的索洛余值法，把 α 看成可变的，重新测算中国的 TFP，并利用变系数模型分析中国 GDP 变化的影响因素，可以发现，中国经济增长之所以自 2010 年开始减速，主要原因是 2008 年以后 TFP 增长率在波动中持续下降，由 2007 年的 11.673 5%大幅下降到 2009 年的 6.061 4%和 2011 年的 3.836 1%。因此，中国经济减速主要是"技术性减速"，而不是产业结构调整带来的"结构性减速"或"劳动力增长减速"；技术引进速度和自主创新速度分别自 2008 年和 2009 年开始在波动中双双下降，导致我国技术进步速度放缓和 TFP 增长率下降，而自主创新速度增长不足以填补技术引进速度降低是导致我国 TFP 增长减速的主因；我国自主创新速度不快的主要原因是 R&D 支出增长和设备投资增长双双减慢，而其背后是复杂的体制原因。供给侧结构性改革、转方式、实现经济新常态必须从改革入手，大力促进自主创新。

2) 一篇论文有且只有一个中心论点

写文章贵在专注、深刻，贵专而不贵广，一篇文章有且只有一个论点。

不论是什么类型的论文，最后文章必须有一个最终答案，即中心论点，这个论点必须是概括清楚、表述清晰的，只有如此，这篇文章才能够成立，才经得住同行专家的考验。

6.1.2 论文论点的确立

文章的论点表明作者对某一事物的看法和态度，是作者的立场和世界观的直接反映。论文价值的大小首先要看其论点是否正确，所以确立论点，是论文写作的关键。论文的论点是从对材料的分析、研究中产生的；不能先定论点，后找适合证明论点的材料。论点的形成过程，就是对材料进行整理、分析、概括、提炼的过程。

1) 论文论点来自于材料分析

作为一篇论文，其论点应当在一定程度上反映某种事物的规律性，而这种规律性的认识又只能在对大量材料的分析过程中逐渐形成。因此，确立论文的论点，必须从分析材料入手，这里，首先是"去粗取精，去伪存真"，也就是要对所掌握的材料加以鉴别，弄清它所反映的是真相，还是假象；是个别现象，还是普遍现象；是事物的主流，还是事物的支流。只有经过这样仔细地鉴别，弄清事物的本来面目，才会有真实可靠的论据，才能从中引出正确的结论，形成正确的论点。

2) 论点要进行高度理论概括

形成正确的论点之后，就要"由此及彼，由表及里"，对掌握的材料进行分析、判断、推理，找到事物的内部联系或规律性，形成文章的论点和逻辑体系。所谓理论概括，就是从大量个别的具体材料中找出一般性或普遍性的东西。一般来说，掌握的材料越全面，从中概括出的论点越具有普遍意义。但是，对具体材料进行理论概括，并不是只简单地对具体材料进行整理、归类，因为这还只是现象的罗列，还必须深入一步进行分析、判断，找出这些现象的本质，从中得出规律性的认识。只有这样，文章的论点才能确立起来。所以，文章论点的确立，实际上是调查研究的问题，是感性认识上升为理性认识的问题。

3) 提炼、确立正确的论点

提炼、确立正确的论点不是一件很容易的事情，常有以下几种情况：一是材料很多，看了之后，一无所获，表明原来所获材料是"贫矿"，提炼不出精华来。遇到这种情况，只有另换方向，进行新的资料搜集工作，而已有资料不必急于处理掉，很可能在另一场合有用，可保留下来作为资料储备；二是发现材料很多，信息蕴藏量很大，这就要求在反复比较中加以选择、提炼，舍去与论题无关的材料，确立一个明确的观点；三是发现自己分析材料得出的论点早已为别人谈过，而且别人阐述得比自己还要高明。遇到第三种情况，可以采取如下办法：其一，把别人的精彩意见，经过自己的消化理解，重新构思，用不同的材料，说明自己的观点；其二，改变论述的角度，重新组织材料，形成自己的观点。

从材料的提炼中确立论点要力求正确，并有新的见解。确立的论点，首先要能说服自己，做到有理有据。如果自己都认为不妥当，那就必须赶快重新研究材料，重新提炼，做到论点不但能说服自己，而且能得到别人的肯定，这样论文撰写就有了把握。

6.1.3 确立论点应掌握的原则

1) 论点的科学性原则

科学性，就是要求论文正确地反映客观事物，并揭示其规律。这首先要求论点正确。如果论点不正确，就会使整篇论文归于失败，作者必须用辩证唯物主义和历史唯物主义的观点观察问题，分析问题，解决问题，才能提出合乎客观实际的结论。其次，论点的表达要准确。如果表达不准确，就不能确切地反映客观事物的规律，并且会给阅读者带来困惑。

2) 论点的客观性原则

客观性与科学性是密切相关的。科学性要求实事求是，客观性要求一切从实际出发。客观性要求对于客观事物进行周密的调查研究，然后从中引出符合实际的结论。写论文的常见问题就是带着先入为主的观念去找材料。撰写论文，必须尊重客观实际，要从实际中去粗取精，得出结论，决不可只凭自己的好恶去撰写。

3) 论点的创新性原则

论文要求作者有自己的见解，要求有创新性。所谓创新就是能提出新问题、解决新问题。当然创新不是轻易可以做到的，要填补某一学科的空白，或填补某一学科的某些方面的空白。

4) 论点的价值原则

在论文中提出的中心论点一定要具有价值。其价值表现在两个方面。

(1) 应用价值。所确定的中心论点应该与经济社会生活和科学文化事业密切相关，即关系到千百万人的利益，成为千百万人关注的问题，具有很强的应用性。

(2) 学术价值。确定的中心论点从表面上看似乎没有什么现实意义，或者没有实际用途，但是具有学术价值，不知在什么时候就会产生出它不可估量的意义。虽然，论文的价值大多表现为应用价值，但也有少量不可多得的具有学术价值的论文。

6.1.4 论文的论据使用

写论文必须首先确立中心论点，这个中心论点要贯穿论文的始终。但是，如果只有中心论点而没有若干与之相联系的从属论点，中心论点就会显得苍白无力，不能令人信服。因此，在确立文章的中心论点之后，还必须形成若干从属论点，通过这些从属论点把中心论点加以展开，使之得到充分论证和说明。

为了证明论点的正确，必须利用论据进行论证。对于论据的要求是：论据的选择要紧扣论点，论据要准确、可靠，论据要力求新颖，论据要典型，论据要丰富。

案例分析6-2：《乡村振兴战略背景下网络扶贫与电子商务进农村研究》的论据使用

本文发表于《求实》2019(03)：97-112，作者：杜永红.

论文在引言部分就明确提出了农村电子商务对于产业扶贫开发具有显著作用。文中描述如下。

近年来，农村电子商务迅速崛起，促进了当地经济与产业的快速发展，推动了传统市场的变革，实现了贫困家庭的脱贫能力提升，对促进产业扶贫开发具有显著作用。

随后在论文的正文框架中，为了论证这个中心论点，文章提出了以下三个从属论点。

1. 乡村振兴战略、精准扶贫与网络扶贫有效融合

《乡村振兴战略规划(2018—2022年)》中提出："把打好精准脱贫攻坚战作为实施乡村振兴战略的优先任务，推动脱贫攻坚与乡村振兴有机结合相互促进，确保到2020年我国现行标准下农村贫困人口实现脱贫，贫困县全部摘帽，解决区域性整体贫困。"网络扶贫是实现精准扶贫的重要手段。网络经济与精准扶贫方略有效融合，为精准扶贫工作提供了新思路与新举措。网络强大的智能互联功能，激发了贫困地区发展的内生动力，为贫困人口实现脱贫提供了有效路径与对策。网络扶贫能够帮助贫困地区摆脱区域市场空间狭小和资源匮乏的制约，对接广阔大市场；网络扶贫通过惠民生、促双创、转方式，推进精准扶贫、精准脱贫进程；进一步完善网络扶贫的条件，强化网络扶贫的带动力，实现精准扶贫方式的多样性、适用性和成长性，使贫困县、贫困村、贫困户获得更多的网络红利。

2. 网络扶贫与电子商务进农村吻合

网络扶贫实现贫困地区与城市资源对接，提升贫困地区农民的生活品质。利用互联网共享性、开放性的特点，大城市在医疗、教育、金融等方面的丰富资源和服务可以扩散到贫困地区，让贫困地区群众共享优质资源，改善生活品质，缩小城乡差别；电子商务进农村将帮助贫困地区节支增收，贫困地区农户通过网络购买生活生产所需的廉价商品，享受到网络带来的便利；贫困地区农户和农业企业通过互联网捕获开拓市场的时机，将本地农产品通过电子商务平台销往全国甚至全球市场；互联网帮助贫困地区进入市场服务体系，包括电子商务交易、物流供应链、金融服务等，通过广泛使用网络参与经济活动，加强自我发展能力，最终实现脱贫致富。

3. 电子商务进农村对网络扶贫具有促进作用

电子商务具有资源配置优化和信息集成的作用，电子商务进农村能够更好地对接贫困户与供需市场，推动多方资源向贫困户聚集，有效地统筹政府、企业、社会等扶贫参与主体实施帮扶措施，激发贫困群众的积极性和创造性。通过电子商务平台能够聚合农业、科技、商务、民政等多方扶贫机构的人力、财力、物力资源，调动政府机构、社会组织和企业及社会热心人士的自身优势和主观能动性，构建由多方扶贫主体参与的精准扶贫工作机制，实现资

源共享、齐抓共管的目标。大力开展网络公益扶贫、互联网众筹扶贫等新型扶贫模式，打造网络公益扶贫品牌效应，推进网络扶贫结对帮扶计划，形成人人参与的网络扶贫大格局。

文章通过上述三个从属论点，具体地、贴切地论证了农村电子商务对于扶贫工作开展的显著作用，就中心论点来讲，这些从属论点就是其论据。要使论点正确、深刻、能说服人，作者往往需要使用有力的论据，而且有力的论据应当是真实的、典型的、新鲜的、充分的。

6.1.5　论文统合论点的方法

面对一无所知的读者，作者必须审慎地围绕中心论点，构建文章框架，只有如此，才能让读者顺利理解论文的核心架构。

1) 以论点作为行文驱动力

写作的目标在于告知读者作者的思想，为了表达文章的中心论点，所有的写作内容都要服务于这个终极目标。

论文的写作贵在集中，凡是与论文观点有关的文字统统保留，反之则删除，也就是追求"中通外直，不蔓不枝"的效果。

为了将论点陈述清楚，不要发散文字，而是要集中文字，每个段落只讲一个意思，有一个中心思想。作者必须搞清楚，所有的文字都应围绕文章的中心论点来组织，以论点作为行文的驱动力。

2) 逻辑明晰、层次分明

很多作者通常表述得比较凌乱，有时候同一个意思反复讲，或者一个问题没讲透，就直接跳到下一个问题了。而优秀的文章都有一个共同点：行文流畅，一气呵成，逻辑明晰，作者不会读着读着就"读丢"了。审慎地反思自己的论文，不断思考自己的论文是否合理地完成了"表述论点"的目标。为了将论点讲清楚，作者要明确：需要呈现哪些论据，需要用什么样的顺序来论证。

案例分析6-3：《农产品智能供应链体系构建研究》统合论点方法

本文发表于《经济纵横》2015(06)：75-78，作者：杜永红.

中心论点：构建基于全产业链的农产品智能供应链体系。

目的：提高农产品供应体系的信息化水平，有利于形成供应链整合、产加销一体的农业现代化经营模式。

如何构建：基础设施—生产管理—服务"三农"—质量追溯—冷链物流—大数据联盟，即：

加快推进农业智能化基础设施建设；构建现代化农业智能信息服务平台；提高农业管理和生产的智能化水平；延伸"县域电商"以服务"三农"；建立农产品绿色履历追溯体系；大力发展智能化冷链物流；构建农产品供应链大数据联盟。

6.2　论文的引言撰写

案例分析6-4：《农产品智能供应链体系构建研究》一文的引言

引言撰写的顺序是：背景分析—国家政策解读—存在问题—提出论点。

(背景分析)农产品流通是农村经济发展的重点，建设与完善农产品供应链体系有利于促进农产品流通，保障城镇市场供应，稳定物价，促进农民增收和扩大就业。(国家政策解读)2015年中央一号文件聚焦现代农业，提出创新农产品流通方式，加快全国农产品市场体系转型升级，开展公益性农产品批发市场建设试点；推进农村三次产业融合发展，通过延长产业链、扩充价值链提高农业经济效益。(存在问题)但我国农产品生产与流通领域长期存在诸多问题：农产品价格波动幅度大、频次高；农民丰产不丰收现象时有发生；农产品供求信息不对称，农民对接消费市场时没有订单权和定价权；食品质量安全问题频出，责任追溯体系欠缺。这一系列问题已严重阻碍农业经济的健康发展。(提出论点)构建基于全产业链的农产品智能供应链体系，提高农产品供应链体系的信息化水平，充分发挥大数据信息传导和价格发现功能，有利于完善农产品生产、加工、流通、消费等环节，形成供应链整合、产加销一体的农业现代化经营模式，增强其对农业生产的引导和促进作用。

6.2.1　论文引言定义

1) 引言定义

《科学技术报告、学位论文和论文的编写格式(GB/T 7713—1987)》中将"引言"定义为"简要说明研究工作的目的、范围、相关领域的前人工作知识空白、基础理论和分析研究设想、研究方法和实验设计、预测结果和意义等"。

2) 引言内容

引言要向读者展示以下内容：这篇文章的研究主旨是什么，为什么你会选择这个主题，围绕这个研究主题的思考脉络是什么，以及围绕这个主题都有哪些需要学界阐释和回答的问题，学界都有什么成果，这些成果如何，是否有进一步研究的价值。同时，你要指出你的研究要达到什么研究目标，打算怎么开展。

引言最好用最简洁的语言引出自己的研究问题以及研究目标；引言一般要求切题，力求言简意赅、突出重点。

6.2.2　论文引言的重要性

好的研究问题也一定是"千呼万唤始出来"的，而不是"信步走出来"的。引言其实就像广告，恰如关于一个旅游目的地的介绍，你必须说服读者，吸引读者的兴趣，告诉读者哪里值得去，为什么值得去。

引言写作的好坏，会直接影响到评阅者对该论文整体及其学术水平的评价，甚至于科研成果的推广。研究者向科技期刊投稿后，如果引言写作不合格或不充分，未能充分体现出论文的创新性和科学性，会使审阅者对整篇论文的内容失去阅读兴趣，并对整篇论文的学术价值持怀疑态度，这不仅仅会影响到研究生在高水平科技期刊上发表论文的成功率，更重要的是会影响到科研成果的广泛推广和应用，进而影响到科学技术转化为生产力。

6.2.3　引言的三要素

一般来说，引言包含三个要素：背景、张力、聚焦，如图6.1所示。

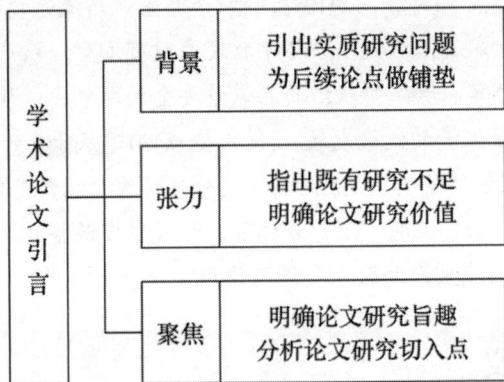

图6.1　论文引言的三要素

首先，引言的目的在于引出实质的研究问题，为后续的研究论点做铺垫，同时引起读者的阅读兴趣。

其次，要指出既有研究的空白或不足，这构成了该研究的张力和合法性所在。换句话说，只有既有的研究存在空白或不足，才说明该研究值得进一步开展。假如既有的研究已经非常完备了，何必再多此一举、画蛇添足呢？

最后，必须要言明你的研究旨趣，如何面对这个张力，又如何提出一个具体的研究问题，如何使用研究方法将这个问题回答清楚，这也是研究的切入点。

案例分析6-5：《返贫预警机制构建探究》一文的引言

本文发表于《中国特色社会主义研究》2018(01)：57-63，作者：范和生.

引言撰写的顺序是：背景分析—发展现状—存在问题—国家政策解读—已有研究存在空白—提出研究问题

(背景分析)党的十八大以来，在以习近平同志为核心的党中央从理论到实践所形成的"精准扶贫、精准脱贫"农村贫困治理思想指导下，上下齐心，共同推进中国减贫事业取得历史性新突破：(发展现状)6000多万贫困人口稳定脱贫，贫困发生率从10.2%下降到4%以下。然而，(存在问题)我们也应该看到中国减贫速度放缓，遗留的往往是脱贫更为艰难的地区和人群，尤其是已脱贫农户返贫情况时有发生，拉低了脱贫成果和质量。返贫问题得不到良好解决，全面脱贫就不可能实现。(国家政策解读)党的十九大报告中又重申了脱贫攻坚战的历史性意义，做出坚决打赢脱贫攻坚战的庄严承诺，要求确保到 2020 年农村贫困人口实现脱贫，贫困县全部摘帽，解决区域性整体贫困，脱贫形势刻不容缓。全面脱贫的实现离不开返贫现象的根除，(已有研究存在空白)现有针对返贫的工作方向往往集中在返贫现象后期治理，而少有关注返贫发生的前期干预。基于此，(提出研究问题)本文主张建立返贫现象的事前干预机制，即构建返贫预警机制。

6.3　论文如何撰写结语

6.3.1　论文的结语

研究结论是文章的重要组成部分，可以说，没有研究结论，文章就没有存在的必要。研究结论是文章的终点，是研究问题的最后回答，文章最后肯定要画龙点睛，与前文的研究问题有一个呼应。

结论一定要有实质性，要言之有物。研究结论是画龙点睛的地方，结论一般是以主要论点作为开始。一般来说，这个论点是在重述前文的主要观点，但是这个重复要更加系统、完整，且以整篇文章作为谈论的立足点。

6.3.2　论文结语的四个层次

首先，要简要阐释这篇文章的核心结论。简要是什么意思？简要就是说，所撰写文章的中心论点可以用最简单的几句话说明白，越是如此，越是说明所撰写文章的中心论点提炼清楚了。

其次，要说明白论文的边际贡献。要将所研究问题放在学术语境下，重新确立自己的边际位置，确立所研究问题与前人研究的联系以及在其基础上的推进，这就是边际学术贡献。

再次，要说清楚研究的不足与教训。很多定量研究通常会在文末说清楚，论文数据存在哪些不足，这些不足值得进一步修订与改进，那么，这些不足也就可以引出下面的第四点。

最后，将来这方面的研究如何推进。这是未来的研究方向，等于给了接下来研究这个领域的同行一个接力点，便于学术研究延续、传承下去，客观上来说，这也增加了别人引用该论文的机会。结论一般来说，要解释本文都说了什么，然后又能够引申出什么新问题，将来又可以进行何种讨论和研究。

研究结论不能停留在就事论事的基础之上，前面两点是就事论事，后面两点则是引申、深化，后面两点尤其体现了作者的学术水平。在写完论点之后，要讨论论文论点的适用性、不适用性，以及基于该研究可能有哪些讨论、哪些延展，这些是将来研究的方向，这样的话，别人可以以论文研究作为基础，进一步开展后续研究。同时，要讨论论文研究有何应用价值，不仅包括政策上的,也包括理论上的。

案例分析6-6:《"一带一路"背景下的境外国有资产审计监管研究》一文的结语部分

本文发表于《会计之友》2018(24):113-118,作者:任芳,高欣.

本文的结语部分准确归纳和总结了该篇论文的研究结论,同时不仅仅停留在就事论事的基础上,对研究内容进行了引申和深化,为在"一带一路"建设的过程中,解决境外投资风险大、维护国家经济安全提出了新思路,说明了研究价值。

"一带一路"倡议为中国企业"走出去"提供了巨大的历史机遇。审计机关以"丝路精神"为指导思想,规避"一带一路"建设给国有控股企业带来的风险,推动沿线各国和平发展、合作双赢。按照审计监督全覆盖的要求,科学拓展境外审计监督的对象和范围;加强信息化建设,探索远程审计和大数据审计,规避境外资产所面临的风险;将公共投资审计与金融审计相结合,构建"三方共审"的全面审计制度体系,完善并健全法律制度;高度关注政策落实情况,积极开展"一带一路"政策落实跟踪审计。

本章小结

本章首先介绍了论文统合论点的方法,主要包括如何确定论文的论点,确立论点应掌握的原则以及论文的论据使用等,然后又介绍了论文引言和结语的写作方法,重点掌握引言与结语写作的技巧和要素。

思考与练习:

1. 依据论文选题,如何统合论文的论点?

2. 论文引言有哪些基本的要求和写作思路?

3. 论文结语所包含的四个层次是什么?

4. 结合自己的论文,统合论点,撰写论文的引言和结语。

第7章

论文摘要和关键词撰写

📖 **案例导读**

《大数据背景下精准扶贫绩效评估研究》的摘要和关键词

本文发表于《求实》2018(02)：87-96，作者：杜永红.

论文摘要部分：(引出研究问题)精准扶贫旨在"扶真贫，真扶贫"。**(现状及问题)**但在精准扶贫实施过程中，由于信息不健全导致精准扶贫建档立卡的信息部分失真，信息不对称导致普惠式扶贫政策瞄准机制存在偏差，信息不共享导致扶贫资源分散难以产生治理成效。**(研究内容)**大数据及数据分析是基层社会治理扶贫开发工作的重要依托，是精准扶贫绩效评估的依据。因此，通过构建科学合理、客观可行的精准扶贫绩效评估指标体系；建设精准扶贫绩效动态监测评估机制；引入信息化、专业化的第三方扶贫绩效评估机构；完善系统化、法制化的精准扶贫绩效评估系统；落实反贫能力培育的绩效评估审计；建立健全大数据下的精准扶贫绩效评估信息系统等一系列措施，**(研究结论)**有助于全力实施脱贫攻坚。

论文关键词部分：大数据；精准扶贫；绩效评估。

学习目的：

1. 了解论文摘要的概念、作用及分类；
2. 掌握论文摘要的写作要求；
3. 掌握提炼论文关键词的方法；
4. 了解学科分类与中图分类号。

7.1 论文摘要

摘要如同橱窗，往往决定着检索者是否进一步下载、阅读文章全文。写好摘要也是提高文章传播效度的重要途径。摘要是与编辑沟通的桥梁，很多人基本上不会阅读全文，而只会选择阅读摘要，摘要是说服他人继续阅读论文的重要手段。

7.1.1　论文摘要的概念和作用

国家标准 GB 7713—87《科学技术报告、学位论文和学术论文的编写格式》对摘要的界定是，对"论文的内容不加注释和评论的简短陈述"。因此，顾名思义，"摘要"必须概括论文的主要内容，包括文章主题、重要论据以及研究方法等。

摘要首先是"摘"，即摘出论文的精华，而不是对论文内容机械式地压缩或剪贴；其次是"要"，即简明扼要，用最简练的语言向读者最大限度地提供定性、定量的信息，充分反映出作者的研究目的、方法及主要结论与结果，尤其要突出论文的新观点、新见解，使读者尽快地对全文有一个概括的了解。摘要就是一篇完整的微型论文，可以独立使用。

1) 论文摘要的分类

根据内容的不同，摘要可分为以下三大类：报道性摘要、指示性摘要和报道—指示性摘要。

(1) 报道性摘要，也常称作信息性摘要或资料性摘要，其特点是全面、简要地概括论文的目的、方法、主要数据和结论，或者简要提炼段旨句，并达到扼要并有逻辑地揭示论文全貌的作用。通常，这种摘要可以部分地取代阅读全文。它要求提供论文中全部创新内容和尽可能多的信息，特别强调突出新发现、新见解。试验研究和单一专题的论文，如基础性研究、应用基础研究和应用研究论文应撰写这类摘要。

(2) 指示性摘要，也常称为说明性摘要、描述性摘要(descriptive abstract)或论点摘要(topic abstract)，一般只用两三句话概括论文的主题，它要求指明研究考察的对象和论述了哪些问题，而不着重于指明研究结论或结果，其作用是说明性的而不是实质性的。它适用于主题过多、内容庞杂的文章，如综述类文章，该类摘要可用于帮助潜在的读者来决定是否需要阅读全文。

(3) 报道—指示性摘要，融上述两种摘要特点于一体的一种摘要类型，以报道性摘要的形式表述一次文献中的信息价值较高的部分，以指示性摘要的形式表述其余部分，也即报道主要信息，揭示其余部分，详略有致，主次分明，便于灵活运用。

2) 论文摘要的作用

(1) 让读者尽快了解论文的主要内容，以补充题名的不足。现代科技文献信息浩如烟海，读者检索到论文题名后是否会阅读全文，主要就是通过阅读摘要来判断。所以，摘要担负着吸引读者和将文章的主要内容介绍给读者的任务。

(2) 为科技情报文献检索数据库的建设和维护提供方便。论文发表后，文摘杂志或各种数据库对摘要可以直接利用，论文摘要的索引是读者检索文献的重要工具。所以论文摘要的质量高低，直接影响着论文的被检索率和被引频次。

7.1.2　论文摘要的写作要求

摘要就是摘录要点，然后组织成段，以简练的语句传达作者的核心观点。摘要最好选用原文，一般不添加原文之外的附加语。由于摘要要代替原文"传情达意"，客观上要求达到"见摘要如见全文"的效果，所以，它不会改变论述主语，论述主语一般就是原文的研究对象。

1) 摘要的写作要求

写论文的摘要有特定的规范要求，写论文的摘要应做到简洁、完整、准确、平实、求新。

(1) 简洁：摘要一般要有中文摘要和与之对应的外文摘要。中文摘要一般不宜超过 300 字(如遇特殊需要字数可以略多)；外文摘要不宜超过 250 个实词，所以摘要要排除相关学科领域内常识性的内容，要力避引证和举例，要准确使用名词术语、恰当使用缩略语等。

(2) 完整：摘要应具有独立性和自含性，即摘要本身有论点、有论据、有结论，合乎逻辑，是一篇结构完整的短文，读者不读论文全文仅读摘要仍然可以理解论文的主要内容、作者的新观点和想法、课题所要实现的目的、采取的方法、研究的结果与结论。

(3) 准确：摘要的内容与论文的内容要对应、相称，不要在摘要中传达论文未涉及的信息，也不要让摘要丢失论文的重要内容，以保证摘要准确无误地表达论文的主旨。

(4) 平实：摘要无须对论文进行评价，尤其不能对论文进行拔高评价，如"本文超越前人的研究""本文全面论述了这一问题"之类的语句就不能出现在摘要中，因为对论文的评价不是由摘要说了算的，故摘要的主语不能是"本文""该文""本文作者""笔者"之类，而应以论文研究的对象为主语，如论文研究的对象是"素质教育"，那么摘要的主语就首选"素质教育"。

(5) 求新：摘要应将论文中原创的、最具新意的部分凸现出来，论文有什么新观点、用了什么新论据、采用了哪些新的研究方法、得出了什么新结论等要在摘要中着重反映出来，因为人们判断一篇论文是否有价值主要就是依据论文是否提供了新东西。

2) 摘要的四要素

(1) 目的：指出研究的范围、目的、重要性、任务和前提条件。

(2) 方法：简述课题的工作流程，研究了哪些主要内容，在这个过程中都做了哪些工作，包括对象、原理、条件、程序、手段等。

(3) 结果：陈述研究之后重要的新发现、新成果及价值，包括通过调研、实验、观察取得的数据和结果，并剖析其不理想的部分。

(4) 结论：通过对这个课题的研究所得出的重要结论。

案例分析7-1：《清洁能源发展、二氧化碳减排与区域经济增长》一文的摘要

本文发表于《经济研究》2019(07)：188-202，作者：徐斌，陈宇芳，沈小波.

按照论文摘要四要素对其论文的摘要进行归纳。

论文研究目的：

中国现在是世界上最大的石油进口国和二氧化碳排放国之一，积极发展清洁能源对于保障能源安全、控制二氧化碳排放和实现绿色经济增长具有重要现实意义。

论文研究问题：

而清洁能源发展对二氧化碳减排的作用到底有多大?需要大量资金投入的清洁能源发展能否促进经济增长?这是各级政府管理部门和相关学者关注的焦点。

论文研究方法：

为了回答这两个关键问题，本文基于中国30个省区市现有的真实数据和预测数据构成的面板数据，运用非参数可加回归模型深入探究清洁能源发展对区域经济增长和二氧化碳排放的线性和非线性影响。

论文研究结果：

研究结果显示：单纯从线性角度来看，清洁能源发展没有起到显著减少二氧化碳排放和促进经济增长的作用。但是，这并不代表清洁能源在不同发展阶段对二氧化碳减排和经济增长的积极影响也是有限的。非线性结果表明：在不同发展阶段，清洁能源发展对东中西三大区域二氧化碳排放和经济增长的影响差异明显。

论文研究结论/价值：

因此，中央和各地方政府应该根据清洁能源在不同发展阶段发挥的不同作用因时施策，以充分发挥清洁能源发展在二氧化碳减排和经济增长中的促进作用。

3) 摘要的写作逻辑

摘要要吻合原文的逻辑关系。摘要虽小，但要能够代表全文，能够尽量展示原文的起承转合。一般来说，摘要不会超过300字，摘要最好不要超过四句：第一句引出研究问题(或是研究背景)，第二句抛出研究方法与视角(或是现状与问题)，第三句阐明研究内容与论证过程(对策或建议)，第四句明确研究结论或文章贡献。当然，这只是一种机械套路，不一定非得生搬硬套，可根据具体情况，斟酌损益。

案例分析7-2：《返贫预警机制构建探究》一文的摘要

本文发表于《中国特色社会主义研究》2018(01)：57-63，作者：范和生.

研究问题/研究背景：

在精准扶贫农村贫困治理思想指导下，我国减贫事业已取得历史性新突破。

现状与问题：

但脱贫人口返贫问题突出，拉低了脱贫成果和质量，其根源在于贫困人口自身的脆弱性。

研究内容/论证过程：

返贫问题的前期预防是在治理中极为重要的一环。理性辨识和分析贫困脆弱性的政策环境预警、自然环境预警、主体自身预警三种返贫预警类型，对返贫原因深入剖析，并在此基础上构建由预警信息机制、组织预警机制、长效衔接机制、利益联结机制和考核监督机制组成的返贫预警机制。

研究结论/论文贡献：

严防脱贫人口返贫，巩固并稳步扩大脱贫成果。

7.1.3　论文摘要撰写常见问题剖析

1) 人称错误

国家标准 GB 6447—87《文摘编写规则》规定，摘要用第三人称，建议采用"对……进行了研究""报告了……现状""进行了……调查"等表述方法标明一次文献的性质和文献主题，不必使用"本文""作者"等作为主语，许多理论性强的文章的摘要中出现了第一人称"文章、论文、本文、我们"等。

案例分析7-3：《农村信用社风险形成及防范措施》一文的摘要

【原摘要】本文论述了近年来农村信用社因体制原因而面临的一些风险，这些风险不仅包括自身制度的缺陷，还包括营利性目标与政策性目标冲突、行业内部体制管理混乱、破产失灵与道德风险、信贷管理落后等，针对这些问题，作者提出了改善农村金融环境、调整贷款的比例、建立市场化人力资源管理体制以及健全监管制度等化解这些风险的对策，以期对实际工作有一定的指导作用。

在摘要中不宜出现"本文"等字样，评价性的语言也不宜采用，换言之，就是把文章作者的观点最"干净"地放在那里，使摘要成为一个具有独立性和自含性的短文。这篇文章原摘要中出现了"本文""作者指出"等字眼，并在最后对文章进行评价，实际上是把摘要写成了提要。提要在用语上可以使用"本文""作者认为"等字眼，在内容上既包含文章主要信息，又可以对文章进行介绍和评价，而摘要则不同，摘要应以第三人称写出自己最新锐的观点。

【修改后摘要】近年来，农村信用社在改革中取得了一定的积极成效，但其在旧体制下积压的深层次矛盾不断出现，农村金融服务供需失衡问题日益突出，严重制约着农村信贷业务的发展，已经影响到农村金融体系的安全。农村信用社所面临的风险不仅包括自身制度的缺陷，还包括营利性目标与政策性目标冲突、行业内部体制管理混乱、破产失灵与道德风险、信贷管理落后等，化解这些风险需要通过改善农村金融环境、调整贷款的比例以及结构、建立市场化人力资源管理体制以及健全监管制度、完善信贷风险管理内控机制等手段抑制风险，以利于农村信用社稳步健康发展，实现农村经济和农村信用社持续发展的"双赢"。

2) 结果笼统，不具体

报道性摘要又称资料性摘要或情报性摘要，它用来反映作者的主要研究成果，向读者提供论文中全部创新内容和尽可能多的定量或定性的信息，一般以 300 字左右为宜，所写的内容一般包括研究工作的目的、方法、结果和结论，而重点是后两者。结果是摘要的核心部分，应包括重要数据及其统计学处理结果，能够给读者直观地反映出相关信息。

案例分析7-4：《基于改进蚁群算法的可规避威胁源最优航线规划》一文的摘要

【原摘要】(目的)针对复杂环境中的飞行器航线规划问题，在基本蚁群算法的基础上，(方法)提出一种可规避威胁源的航线规划方法。该方法通过综合分析飞行器飞行环境中的地形信息和威胁信息，加强了对飞行器实际飞行环境的描述，从而提高了航线规划的有效性；(结果)通过改进距离启发因子以引入方向启发，从而节省计算时间，提高优化效率。仿真结果表明，改进型蚁群算法在一定程度上提高了规划效率和有效性，具有一定的实用价值。

上述摘要体现了研究的目的、方法、结果，但结果未给出定量描述，只是说明改进型蚁群算法在一定程度上提高了规划效率和有效性，那么与基本蚁群算法作比较，在时间和效率上有什么区别，并未说明。

【修改后摘要】(目的)针对复杂环境中飞行器航线规划问题，在基本蚁群算法的基础上，(方法)提出一种可规避威胁源的航线规划方法。该方法通过综合分析飞行器飞行环境中的地形信息和威胁信息，考虑航线距离、时耗、能耗、全程费用和威胁规避等因素，重构航线规划目标函数，通过增加目标节点对下一节点的影响来改进状态转移概率，促使蚂蚁向目标方向前进，以节省计算时间，提高优化效率。(结果)仿真结果显示，与基本蚁群算法相比，该改进型蚁群算法可以节省10%的优化时间且缩短10多次迭代次数，(结论)具有一定的实用价值，从而提高了航线规划的有效性。

相对而言，修改后的文章摘要，结论部分给出改进型蚁群算法可以节省10%的时间，缩短10多次迭代次数，这就给读者呈现了一个直观清晰的结论。

3) 内容简单、空洞

文章摘要具有整体性、独立性等特点，要能够有效体现整篇文章的主要观点、应用方法等核心要素，但无论是理工技术类还是社科类文章，都有部分存在摘要内容简单、信息量不足、字数偏少、结构要素残缺等问题，不能发挥摘要应有的作用。

案例分析7-5：《我国食品安全监管失灵探析》一文的摘要

【原摘要】近年我国食品安全事件频发，监管工具"失灵"成为常态。从政府工具的视角分析了造成食品安全监管失灵的原因，并提出了加强食品安全监管的相关对策与建议。

原摘要过于简单，读者从摘要中看不出造成食品安全监管失灵的原因有哪些，也了解不到作者提出了哪些有新意的对策与建议。

【修改后摘要】近年我国食品安全事件频发，监管工具"失灵"成为常态。从政府工具的视角探究缘由，影响因素较为复杂，包括工具因素、实施者与目标群体形成的内部环境因素，转型期地方社会生态所构成的外部环境因素，它们对工具的应用产生着不同程度的影响。洞悉各因素发生作用的内在机理，亟须建立监管工具应用的长效机制，优化地方社会生态，具体从价值层面、技术层面、行为者约束及社会环境层面着手，提高食品安全监管工具正确应用的程度，确保食品安全。

在修改后的摘要中，读者可看到监管失灵的原因主要包括三方面，也可看到具体的对策与建议，修改后的摘要就是原文献的浓缩。

4）介绍背景常识，未体现创新观点

摘要用来揭示文章的最主要观点或结论，是全文语言浓缩出来的，其信息大致与原文等同。部分论文存在摘要大量介绍背景知识，误把引言内容当成摘要来写，体现不出全文创新点等问题。

案例分析7-6：《文化中心战对美军情报获取的影响》一文的摘要

【原摘要】近年来，随着美军在阿富汗及伊拉克战场上反叛乱行动的不断演进以及"文化感知"理念的渐次兴起，美军已充分意识到从文化差异以及文化融合等全新视角再度审视与反思其反恐实践的重要意义。在此背景下，"文化中心战理论"应运而生。它有效突破了美军在全球反恐战争战术、战法层面的固有窠臼，显著提升了美军的情报获取意识，大幅改善了美军的反恐作战情报支援效能。而美军在理念牵引、机构调整、实战检验、人才培养等领域的调整、转型对我军全面适应未来信息化战争要求，进一步强化情报保障效能均具有重要的参考、借鉴价值。

上例摘要的前三句话介绍文化中心战是如何产生的及其意义，属于文章引言内容。最后一句话提到美军在理念牵引、机构调整等四个方面的转型，但在仔细研读文章内容后发现该文除介绍四个转型外，还研究了美军情报获取转变的四个特点，并最后得出对我军的启示，这都属于该文区别于其他文章的创新。显然作者所写的摘要应属引言撰写内容，并未体现出文章创新点。

【修改后摘要】为了分析"文化中心战"对美军情报获取的影响，分析了美军在反叛乱作战中所面临的情报困境及其措施，归纳了四个重要措施，包括理念牵引、机构调整、工作方式和人才培养，研究了美军情报获取意识转变的四个重要特点，包括文化感知理念深入人心、情报流转机制高效顺畅、人才培养工作扎实有力和实战运用指向特色鲜明。在此基础上，提出了三点启示：一是充分认识文化因素在军事情报获取中的重要作用；二是切实强化我军在执行多样化军事任务中的文化感知能力；三是充分重视外语类情报人才的教育训练工作，着力培养国防语言人才。

总之，要写好一篇论文的摘要，首先要认真研读论文，对论文的基本观点、重要内容、表述层次及结论有一个清晰的把握。知道论文的创新点在哪里，并将之反映到摘要之中，才能使摘要具有独立性和自含性。其次要了解和掌握摘要的内在逻辑结构。科技期刊论文摘要包括目的、方法、结果、结论和其他。社科学术期刊论文摘要包括论题、观点、方法、结论和其他，特别要将写作重点放在论题、观点和结论上。最后摘要要真实反映原文，要具有客观性，以旁观者的角度，用第三人称客观如实地反映论文的新内容、新观点，反映读者需要的有用信息，切不可加入主观见解、解释或评论。论文摘要的写作方法如图7.1所示。

```
                                              ┌─────────────────────────┐
                                              │ 明确论文的基本观点、重要   │
                                         ┌────┤ 内容、表述层次及结论        │
                            ┌──────────┐ │    └─────────────────────────┘
                         ┌──┤一、认真总结论文├─┤
                         │  └──────────┘ │    ┌─────────────────────────┐
                         │               └────┤ 明确论文的创新点，并能准确总结│
                         │                    │ 反映在论文中              │
                         │                    └─────────────────────────┘
                         │                    ┌─────────────────────────┐
                         │                    │ 科技期刊论文摘要包括目的、方 │
            ┌────────────┐│  ┌──────────┐ ┌────┤ 法、结论和其他            │
            │论文摘要的写作方法├─┼──┤二、掌握内在逻辑结构├─┤    └─────────────────────────┘
            └────────────┘│  └──────────┘ │    ┌─────────────────────────┐
                         │               └────┤ 社科期刊论文摘要包括论题、观 │
                         │                    │ 点、方法、结论和其他        │
                         │                    └─────────────────────────┘
                         │  ┌──────────┐      ┌─────────────────────────┐
                         └──┤三、客观还原论文观点├─────┤ 以旁观者角度，用第三人称如实 │
                            └──────────┘      │ 反映论文的新内容、新观点     │
                                              └─────────────────────────┘
```

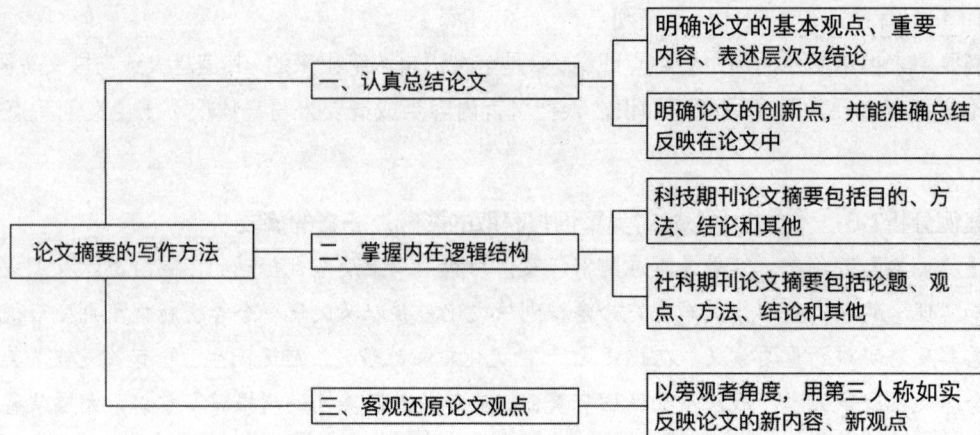

图7.1   论文摘要的写作方法

另外，摘要的语言要简明、概括、规范，应以最简洁的文字表达出最丰富的研究内容，在语言上要求高度概括、精练、规范化。摘要编写遵循客观性、针对性、独立性和自含性以及逻辑性原则，编写过程有其规律可循，这要求作者在写作实践中逐步掌握其正确的方法，使论文摘要真正体现其价值。

7.2   论文关键词

关键词作为论文的有机组成部分，具有不可替代的学术功能，在传达学术信息、传播学术观点上都有非常重要的作用，作者应该物尽其用，全力发挥好关键词应有的学术功用。

7.2.1   关键词的一般描述

国家标准 GB 7713—87《科学技术报告、学位论文和学术论文的编写格式》中对于论文关键词的描述为：关键词是为了文献标引工作从报告、论文中选取出来的用以表示全文主题内容信息款目的单词或术语。从国家标准中的描述可见，论文的关键词必须是单词或术语。

单词是指包含一个词素(语言中最小的有意义的单位)的词或语言里最小的可以自由运用的单位，术语则是指某个学科中的专业用语，但许多论文作者使用的关键词不仅包括单词或术语，还包括许多词组或短语，即使在一些专业期刊中，也可以看到诸如"改革经验创新""对策与建议""策略与措施"等形式的关键词。以上所举例子中的关键词，显然不符合国家标准，在使用上是不恰当、不合理的。

7.2.2　关键词的作用及意义

论文中关键词的作用及意义主要包括以下两点。

(1) 关键词能鲜明而直观地表述文献论述或表达的主题，使读者在未看论文的摘要和正文之前便能一目了然地知道论文论述的主题，从而做出是否要花费时间阅读正文的判断。

(2) 期刊论文一般都会被题录型或文摘型的二次文献(检索工具)所收录，或被收录到书目型文献数据库(如光盘版《中文期刊数据库》)中。检索工具中的关键词索引和数据库文档中的按关键词编制的倒排文档就是根据论文提供的关键词编排的。关键词索引和倒排文档提供了快速检索文献的途径，使读者能很快查到符合要求的文献。因此，关键词具有重要的检索意义。

7.2.3　论文中使用关键词常出现的问题与分析

1) 写成词组或短语

关键词使用不当中最常见的问题是将关键词写成词组或短语，例如有一篇文章研究的是"跨境电商与跨境物流协同关系"，其中将一个关键词确定为："跨境电商与跨境物流"，这是一个比较典型的词组，是不妥当的。这些问题的产生都源自作者为了使每一个关键词都尽可能准确地表达论文某一确切的主题，将关键词写全、写完整，进而写成一个词组或短语。一定不要为了强调反映主题的全面性，把关键词写成一个个内容"全面"的短语。

2) 不能准确反映主题内容

关键词的主要作用是通过这些词的逻辑组合，揭示论文的主要内容，但许多论文在刊发时未能准确把握关键词应起的作用，结果列出的几个关键词的逻辑组合并不能有效地反映论文主题内容，也就谈不上有助于文献的标引了。

案例分析7-7："基于四大因素的搜索引擎优化研究"一文的关键词

"基于四大因素的搜索引擎优化研究"一文中的关键词仅为"外链数、稳定性、收录量、访问量"。

四个关键词提出了企业搜索引擎优化的解决方案，但是不看论文标题和全文，根本无法从这几个关键中察觉到这是一篇描述网站搜索引擎优化的文章。对于该文的关键词，改成"搜索引擎优化、搜索引擎优化营销、网络营销"更为合适。此外，原来所选的四个关键词都未在论文标题中出现，也不能很好地支撑论文的研究主题。

3) 将一些泛意词选作关键词

要切实使关键词的逻辑组合能准确起到提示论文主题内容的作用，就应使所选的关键词确实能准确提示该文主题内容，但还是能遇到诸如：研究、使用方法、分析、问题、服务、质量等形式的关键词。由于这些关键词几乎在大多数论文中都可使用，使其在提示某一论文主题内容的专指性方面的作用就大大降低，失去该关键词应起的基本作用。

4) 关键词的写作随意性太强

关键词是主题词的外延或延伸。在信息水平还比较低的情况下，通常要通过主题词来查阅有关文献。随着信息技术的不断发展，在以计算机为主要检索工具查阅文献时已无须再局限于主题词，通过输入数个关键词并采用一定的检索策略，就可迅速准确、全面地获取所需文献。但即使是信息化水平较高，如果论文中关键词的写作太随意或使用不当，仍然会极大地影响论文检索的效率。

案例分析7-8： "论文关键词"这个关键词可以拆分为"论文"和"关键词"

"论文"和"关键词"这两个关键词，检索时通过合理的逻辑组合，一样可以查阅到与"论文关键词"这个关键词查阅结果完全相同的文献。但反过来，如果以"论文关键词"作为关键词查阅与此相关的文献，若有些文献全文并未出现该词，仅出现像"论文"和"关键词"这样的词汇，这些文献就会漏检，使查阅者错过一些有价值的文献。

7.2.4　关键词合理使用的几点建议

1) 关键词的逻辑组合应能表征论文主题内容

关键词的主要作用应能鲜明而直观地表达该论文的主题内容，并有助于查阅、检索。从关键词的一般性描述中可知，每一个关键词都应能表征某个或某一方面的确切含义。要完整准确地提示、表征一篇论文中有一定内涵的主题，就应通过数个关键词的逻辑组合来达到。因为以一个包含较多内容的词组或短语作为关键词是不符合关键词原意与使用要求的。

案例分析7-9： 《中国经济减速的原因与出路》一文的关键词

本文发表于《中国人民大学学报》，2016(06)：64-75，作者：方福前，马学俊.

如果关键词只写出："经济减速；技术引进；自主创新"，却将"全要素生产率"漏掉的话，那么这种关键词是无法有效表征论文主题内容的。

2) 有助于读者清晰理解论文主题内容

关键词除了有助于检索外，还应能清晰地提示论文主题。

案例分析7-10： 《清洁能源发展、二氧化碳减排与区域经济增长》一文的关键词

如果关键词写为："清洁能源；二氧化碳；关联分析"，根本无法提示读者这是一篇讨论清洁能源发展与区域增长方面的文章，反而可能会使读者将其理解为一篇理工科技术类文章。如改写成"清洁能源；二氧化碳排放；经济增长；非参数可加回归模型"会更合适些，同时读者还能从关键词中获知论文的主要研究方法。因此，关键词的写作务必要通过对它们进行逻辑组合以分析是否已达到清晰地提示论文主题内容的作用，否则，就应考虑所选的关键词是否恰当。

3) 有助于读者检索

所选的关键词清晰地表征、提示了论文的主题内容，还应考虑这些关键词是否有助于论文的检索。如采用"论文关键词"这样的检索词进行文献检索，尽管这些检索词确实准确、清晰、完整地提示了要检索对象的主题，但由于这些检索词写作不符合关键词的一般写作要求与规范，用这些词作为关键词进行检索时就将遗漏掉许多与该论文密切相关的文献。一篇论文的关键词选用得是否妥当，关系到该论文被检索到的概率和该成果的利用率。因此，正确理解关键词的写作与使用方法，将直接影响到论文自身的有效价值。

7.3 学科分类与中图分类号

在论文投稿过程中，有一项是至关重要的，那就是学科分类与中图分类号，依照文献内容的学科属性和特征，分门别类地组织文献，所获取的分类代号，可以帮助读者了解你所写的论文属于那一门学科，便于其进行检索和阅读。

7.3.1 中华人民共和国学科分类与代码国家标准

中华人民共和国学科分类与代码国家标准(GB/T 13745—2009)》，由中华人民共和国国家质量监督检验检疫总局、中国国家标准化管理委员会于 2009 年 5 月 6 日发布，2009 年 11 月 1 日实施。本标准仅将学科分类定义到一、二、三级，共设 62 个一级学科或学科群、676 个二级学科或学科群、2382 个三级学科。一级学科之上可归属到科技统计使用的门类，门类不在标准中出现。门类排列顺序是：A 自然科学，代码为 110～190；B 农业科学，代码为 210～240；C 医药科学，代码为 310～360；D 工程与技术科学，代码为 410～630；E 人文与社会科学，代码为 710～910。

学科分类与代码查询网站：http://xkfl.xhma.com/，如图 7.2 所示。

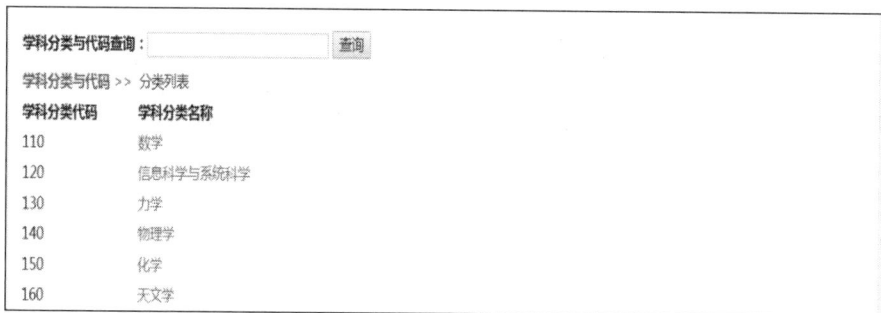

图7.2 学科分类与代码查询网站

越来越多的论文在投稿过程中要求填写文章的学科分类号(MASS 或 PACS)，通过学科分类代码了解你所写的论文属于哪一学科，便于读者进行检索和阅读。如图 7.3 所示为期刊投稿界面要求投稿人填写学科分类号。

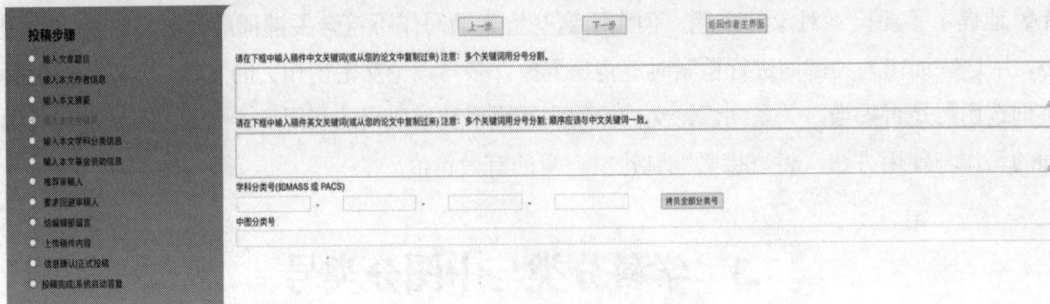

图7.3　期刊在线投稿页面

案例分析7-11：《激励科技创新税式支出制度的缺陷及立法完善——以组织理论为切入点》一文的学科分类代码

本文发表于《法商研究》2019(05)：91-102，作者：付大学.

在学科分类与代码查询网站中查询到一级学科"管理学"的代码为 630，单击"管理学"可以进入到其二级学科，包含管理思想史(630.10)、管理理论(630.15)、管理心理学(630.20)等 11 个二级学科，单击"管理理论"又可以查询到下级分类，最终找到最符合该篇文章的分类组织理论，代码为 630.1520。

7.3.2　中图分类号

《中国图书馆分类法》(原称《中国图书馆图书分类法》)是中华人民共和国成立后编制出版的一部具有代表性的大型综合性分类法，是当今国内图书馆使用最广泛的分类法体系，简称《中图法》。《中图法》初版于 1975 年，1999 年出版了第四版。《中图法》第四版增加了类分资料的类目，并与类分图书的类目以"＋"标识进行了区分，并正式改名为《中国图书馆分类法》，简称不变。

《中图法》第四版全面补充新主题、扩充类目体系，使分类法跟上科学技术发展的步伐，同时规范类目，完善参照系统、注释系统，调整类目体系，明显加强类目的扩容性和分类的准确性。

中图分类号查询网站：http://ztflh.xhma.com/，如图 7.4 所示，顶级中图分类号信息汇总如表 7.1 所示。

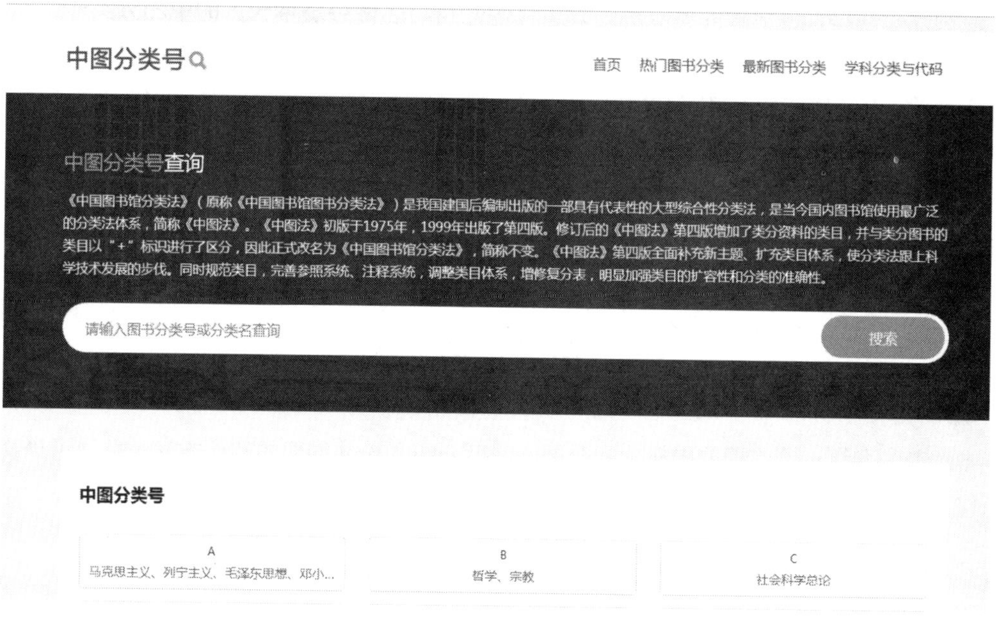

图7.4 中图分类号查询网站

表7.1 顶级中图分类号信息汇总

分类号	对应学科	分类号	对应学科	分类号	对应学科
A	马克思主义、列宁主义、毛泽东思想、邓小平理论	B	哲学、宗教	C	社会科学总论
D	政治、法律	E	军事	F	经济
G	文化、科学、教育、体育	H	语言、文字	I	文学
J	艺术	K	历史、地理	N	自然科学总论
O	数理科学和化学	P	天文学、地球科学	Q	生物科学
R	医药、卫生	S	农业科学	T	工业技术
U	交通运输	V	航空、航天	X	环境、安全科学
Z	综合性图书				

案例分析7-12：《乡村振兴战略背景下网络扶贫与电子商务进农村研究》一文的中图分类号

本文发表于《求实》2019(03)：97-112，作者：杜永红.

分类号：F323.8；F724.6

(1) F323.8：农业收入与分配。

(2) F724.6：电子贸易、网上贸易。

案例分析7-13：《清洁能源发展、二氧化碳减排与区域经济增长》的中图分类号

本文发表于《经济研究》2019(07)：188-202，作者：徐斌、陈宇芳、沈小波.

分类号：X321；F127；F426.2

(1) X321：区域环境规划与管理。

(2) F127：地方经济。

(3) F426.2：工业部门经济。

本章小结

本章首先介绍了论文摘要的概念和分类，然后介绍了论文摘要的写作方法，总结了论文摘要写作过程中常见的问题，讲解了论文关键词的概念和写作要素，最后讲述了学科分类与中图分类号的概念和查询方法，重点掌握论文摘要的写作方法与关键词的提炼方法。

思考与练习：

1. 论文摘要撰写的要素和常见问题有哪些？

2. 如何根据论文题目和内容确定论文关键词？

3. 浏览学科分类与代码查询网站、中图分类号查询网站，查询代码。

4. 结合自己的选题，撰写论文摘要与论文关键词。

第五篇 学位论文

　　学位论文是论文的一种形式，学位论文是指为获得某一学位必须撰写的论文，一般分为学士论文、硕士论文、博士论文三个级别。

　　撰写学位论文是一个不断研究与学习的过程，也是学位申请者进入学界的里程碑。因此，所有的学位申请者都应充分重视，应以对本人负责、对社会负责、对文化传承积累负责的精神，精心组织，认真完成。

第 8 章

学位论文开题与写作

📖 案例导读

《精准扶贫基层审计工作机制研究——以XA市CA区为例》学位论文开题报告中"研究内容、意义和预期结果"的摘要

(研究背景)长久以来，贫困一直制约着国家经济的发展，习近平总书记最早提出了精准扶贫的概念，同时，审计署也出台了相应的文件，提出要加强精准扶贫审计，以促进精准扶贫、精准脱贫政策的全面落实。(研究内容、意义和预期结果)本文以分析精准扶贫审计中的典型案例为切入点，对照精准扶贫审计理论，审查精准扶贫审计过程中的重大政策措施落实是否到位、精准扶贫项目建设管理是否规范以及精准扶贫资金分配管理使用是否合法，以实际发生在 XA市 CA 区的精准扶贫审计案例为研究范本，找出精准扶贫审计中存在的诸多问题，分析问题产生的原因。再从精准扶贫基层政府审计的顶层制度设计、审计机关审计项目工作实施方法、审计干部业务考核指标体系、精准扶贫审计项目绩效考评这四个层面入手，构建一套相对完善的基层审计机关精准扶贫审计工作机制，探索优化精准扶贫审计项目计划编制、加强审计实施过程管理、加大审计队伍人才建设、优化审计结果统计分析的对策，从而推进精准扶贫审计实施进程。

学习目的：

1. 掌握学位论文开题报告的撰写要求；

2. 掌握学位论文的写作要求、写作规范及写作内容。

8.1 学位论文开题报告撰写要求

开题报告是大学生学位论文写作的重要环节，是指为阐述、审核和确定学位论文题目而做的专题书面报告，它是大学生实施学位论文课题研究的前瞻性计划和依据，是监督和保证论文质量的重要措施，也是训练大学生科研能力与学术论文撰写能力有效的实践活动。

倘若以严肃的眼光审视目前高等教育的学位论文开题报告写作工作，可以说，管理部门、导师、学生三者均不同程度地存在着认识不足的问题，存在着"视论文开题报告为走过场""论文开题报告流于形式"等现象。除思想上重视不足外，对毕业设计开题报告的撰写方法缺乏了解也是重要原因之一。鉴于此，有必要就学位论文开题报告的写作规范与写作技巧进行深入探讨。

8.1.1 开题报告撰写要点

1) 准确表明对研究对象内涵的认识和理解

要清晰、具体地阐述开题报告每一部分的内容。为什么要研究这个题目，这个选题到底要解决什么问题？这个选题的核心要素有哪些，怎么理解这些核心要素？选题研究重点是什么，在哪个领域和什么范围内展开研究，研究的边界在哪里？如果能把这些问题清晰、完整地回答出来，说明对选题的认识和理解就比较到位了，也有利于后面研究目标的确定与研究内容的设计。

2) 搜集并阅读、整理文献

选题确定后，需要查阅和积累有关文献资料，这是撰写研究综述的基础。因而，要求搜集的文献较为全面，并与学位论文的选题相关度高。常用的方法是通过检索数据库查阅文献，或在图书馆查阅纸质文献，还需进行科学实验，实地观察与调查，取得所需的一手资料。

阅读文献是写好综述的重要步骤。在阅读文献时，必须领会文献的主要论点和论据，做好"读书笔记"，并制作文献摘录卡片，用自己的语言写下阅读时所得到的启示、体会和想法，摘录文献的精髓，为撰写综述积累最佳的原始素材。阅读文献、制作卡片的过程，实际上是消化和吸收文献精髓的过程。制作卡片和笔记便于加工处理，可以按综述的主题要求进行整理、分类编排，使之系列化和条理化。最终对分类整理好的资料进行科学分析，写出阅读体会，提出自己的观点。

3) 明确研究目标和研究内容

研究目标的表述必须指向问题解决，高度概括凝练，不能把研究目标说成研究内容和研究措施。研究内容落实研究目标，必须具有可操作性。每一项研究内容下面，要研究解决哪些具体问题，做哪些具体的研究工作，必须尽可能详细。重点要突出，为什么研究、研究什么、怎么研究、方法是什么，要论证充分、详略得当、观点鲜明、语言准确、逻辑性强、层次清楚、结构完整。

4) 落实好研究内容的时间安排

研究内容要表述清晰且具体，要对具体时间进行安排规划，什么时候完成研究任务，出什么样的研究成果，包括成果名称、成果形态等。完成论文开题报告初稿的撰写，要经指导老师反复讨论定稿后，组建审核专家组，进行开题报告的答辩，专家组对论文研究的科学性和可行性进行评议，并提出修改意见和建议，如无不妥，开题工作即告完成，论文研究就将进入具体实施的新阶段。

8.1.2　开题报告内容撰写具体要求

某高校硕士研究生学位论文开题报告模板如图 8.1 所示。

一、简表						
研究课题	中文名称					
	英文名称					
	专业领域			起止时间		
	课题来源	A. 国家级项目　　　B. 省部级项目　　　C. 企业项目 D. 校企合作项目　　E. 校级项目　　　　F. 自选项目				
	研究类型	A. 产品研发　　　　B. 工程设计　　　　C. 应用研究 D. 工程/项目管理　　E. 调研报告				
研究生	姓名			出生年月		
	性别		民族		联系电话	
	入学年月			学号		
指导教师	导师姓名			职称		
	企业导师姓名		职称		工作单位	
研究内容、意义和预期结果(摘要限 400 字内)						

图8.1　某高校硕士研究生学位论文开题报告模板

二、选题依据

(包括选题的来源及类型、目的与意义、国内外研究现状和发展趋势分析、主要参考文献等，不少于3000字，主要参考文献应在 30 篇以上。参考文献主要为近年来公开发表的中外文期刊文章、会议论文、学位论文等，其中外文文献应不少于三分之一。)

三、研究方案

(包括研究目标与内容、关键技术指标及解决途径、拟采用的研究方法与技术路线、本论文的难点和可能的创新之处、计划安排及预期结果等。)

四、研究基础

完成本项课题已经具备的条件(包括过去的研究工作基础、现有的研究条件、协作要求、所需经费来源和使用计划。)

其他(略)

图8.1 某高校硕士研究生学位论文开题报告模板(续)

1) 开题报告中的学位论文题目

题目是学位论文中心思想的高度概括，要求如下。

(1) 准确、规范。要将研究的问题高度准确地概括出来，反映出研究的深度和广度，反映出研究的性质，反映出研究的基本要求，用词造句要科学、规范。

(2) 简洁。要用尽可能少的文字表达，一般不得超过 25 个汉字。

案例分析8-1：《精准扶贫基层审计工作机制研究——以XA市CA区为例》一文的选题来源与标题命名

作者学位论文的选题来源于生产实习，在生产实习中参与了 XA 市审计局的多项精准扶贫审计工作，在项目审计过程中，发现精准扶贫基层审计工作机制不完善，认为可以此作为研究的生长点，于是与实习导师、校方导师多方研讨，最后确定了学位论文的标题为《精准扶贫基层审计工作机制研究——以 XA 市 CA 区为例》。

2) 开题报告中的学位论文选题依据

(1) 学位论文的选题目的与意义。一般先谈现实需要——由存在的问题引导出研究的实际意义，然后再谈理论及学术价值，要求具体、客观，且具有针对性，注重资料分析基础，注重时代、区域或行业、企业发展的需要，切忌喊空洞的口号。

案例分析8-2：《精准扶贫基层审计工作机制研究——以XA市CA区为例》选题依据部分节选——选题目的和意义

该开题报告在选题目的和意义中就明确指出了精准扶贫现状的大背景以及存在挤占挪

用、层层截留扶贫资金的问题，也指出了研究精准扶贫基层审计工作机制的现实价值。文中描述如下。

近年来，我国的经济发展取得了突破性的进展，但同时贫困也在一定程度上制约着国家的经济发展，国家为脱贫攻坚投入了大量的人力、财力、物力，因此对于精准扶贫的审计也是我国审计机关的工作重点之一。"十三五"规划指出要在 2020 年之前，实现全面小康社会的重要奋斗目标。对于精准扶贫审计，习近平总书记做出重要指示，要加强扶贫资金阳光化管理，加强审计监管，集中整治和查处扶贫领域的职务犯罪，对挤占挪用、层层截留、虚报冒领、挥霍浪费扶贫资金的，要从严惩处。李克强总理强调，要严格资金监督管理，严惩违法违规行为，抓紧健全制度安排，确保扶贫资金在阳光下运行、真正用在扶贫开发上。因此本课题通过在 XA 市审计局对精准扶贫审计实施全过程的研究，发现精准扶贫审计中存在的问题并提出相应的解决对策，以完善精准扶贫基层审计工作机制。

(2) 国内外研究现状，即文献综述或称为文献回顾，要以查阅文献为前提，所查阅的文献应与研究问题相关，但又不能过于局限。与问题无关则没有参考价值；过于局限又违背了学科交叉、渗透原则，使视野狭隘，思维局限。所谓综述的"综"即综合，综合某一学科领域在一定时期内的研究概况；"述"更多的并不是叙述，而是评述与述评，即要有作者自己的独特见解。要注重分析研究，善于发现问题，突出选题的优势及突破点。此外，文献综述所引用的主要参考文献应予引注，一方面可以反映作者立论的真实依据，另一方面也是对原著者创造性劳动的尊重。

案例分析8-3：《精准扶贫基层审计工作机制研究——以XA市CA区为例》选题依据部分节选——国内外研究现状

作者先介绍国外研究现状，再介绍国内研究现状，由于国外研究成果较少，没有对研究成果进行分类，只简单罗列了一下部分专家的相关观点，重点放在介绍国内研究现状，最后进行文献综述简评。

1. 国外研究现状

……Zoellick(2007)认为，在扶贫援助的时候，不仅评估其效率性和效果性，还应重点关注其结果和改进情况，可见其研究的关注点是扶贫资金审计的效率性和效果性。……

2. 国内研究现状(只列出了分类，具体内容略)

(1) 关于我国精准扶贫问题的研究；

(2) 关于我国扶贫资金审计监管及绩效问题的研究；

(3) 关于我国扶贫审计机制的研究。

3. 文献综述简评

(肯定国外前期研究成果)由国内外文献研究综述对比发现，国外的研究绩效审计意识较强，认为应注重资金支出的效益性。**(肯定国内前期研究成果)**我国农村扶贫审计起源较早，近几年发展为精准扶贫审计。国内外对扶贫审计的诸多研究，已经客观陈述了扶贫审计中存在的主要问题，并对此做了很多次的研究探讨，提出了相应的解决对策和方法。在近几年的研究中，又加入了大数据等新的信息技术。

(客观评价国内研究成果的不足)总体来讲，我国的精准扶贫审计方式为事后审计，主要在于审计已经实施完成的项目中是否存在政策执行违规、业务操作违规以及资金使用违规的问题，侧重于披露问题、整改问题及处理移送问题，以此查错防弊，发现错误，再纠正错误，以期挽回或者弥补已经造成的损失。这种现状从一定程度上来讲只能起到事后督查的作用，对扶贫地区和扶贫项目缺乏有效的前期论证，审计监督的事后介入，只能是查错纠错，没有办法进行事前防范和控制，而这往往已经影响到扶贫工作本身的效率性，也造成了人力财力物力的损失浪费，并且也很难做到全面审计，这就使得审计模式不能满足监管需求，项目及资金产生的效益大打折扣。**(引出本文的研究主题)**因此，本文在前人已有成就的基础上，研究精准扶贫基层审计工作机制，以提高精准扶贫审计工作效率。

3) 开题报告中的学位论文研究方案

研究方案包括：研究目标、研究内容、研究方法、研究过程、拟解决的关键问题、创新点等。

(1) 研究目标。目标明确、重点突出，保证具体的研究方向，排除研究过程中各种因素的干扰。

案例分析8-4：《精准扶贫基层审计工作机制研究——以XA市CA区为例》研究方案节选——研究目标

通过深入扶贫项目基层审计全过程，精准查找当前扶贫审计中存在的问题，从精准扶贫审计顶层制度设计到基层工作实施，构建一套合理高效的精准扶贫基层审计工作机制，创新扶贫审计方法，以指导审计人员的审计行为，提高扶贫审计质量，充分发挥审计工作对于精准扶贫的监督和促进作用。

(2) 研究内容。要根据研究目标来确定具体的研究内容，要求全面、翔实、周密，研究内容笼统、模糊，甚至把研究目的、意义当作内容，往往会使研究进程陷入被动。

案例分析8-5：《精准扶贫基层审计工作机制研究——以XA市CA区为例》研究方案节选——研究内容

该开题报告在研究内容中详细、全面地阐述了精准扶贫基层审计工作机制研究的总体框架和研究思路。文中描述如下。

研究思路如下。

首先阐述了精准扶贫以及精准扶贫审计的研究背景以及研究意义；列出了精准扶贫相关政策及理论基础，深入剖析了精准扶贫政策审计、业务审计及资金审计的程序与方法；然后结合具体的审计案例，分析了精准扶贫审计的现状和存在的问题，最终建立健全精准扶贫基层审计工作机制。

总体框架如下。

第1章 导论

1.1 研究背景及意义

1.2 国内外文献综述

1.3 研究内容与研究方法

1.4 创新点和局限性

第2章 精准扶贫审计理论与审计方法

2.1 精准扶贫审计相关理论与政策

2.2 精准扶贫政策措施落实情况审计方法

2.3 精准扶贫项目建设运营情况审计方法

2.4 精准扶贫资金分配管理使用情况审计方法

第3章 精准扶贫审计案例与问题分析

3.1 案例简介与分析

3.2 精准扶贫审计中存在的问题

3.3 问题产生的原因

第4章 精准扶贫基层审计工作机制研究

4.1 党委政府顶层政策制定机制

4.2 基层审计机关工作实施机制

4.3 审计干部业务考核机制

4.4 审计项目绩效考评机制

第5章 优化精准扶贫审计的对策建议

5.1 改进精准扶贫审计项目计划编制，保障审计计划的科学性

5.2 加强精准扶贫审计实施过程管理，提高审计工作效率

5.3 加大精准扶贫审计人力资源建设，增强审计队伍力量

5.4 做好精准扶贫审计统计结果分析，深化审计成果层次

第6章 结论

(3) 研究方法。研究方法是研究内容实施的具体手段，要针对研究内容提出自己的理论和实验研究方法，常用的研究方法有：调查法、观察法、实验法、文献研究法、实证研究法、定量分析法、定性分析法、案例研究法、跨学科研究法等。

案例分析8-6：《精准扶贫基层审计工作机制研究——以XA市CA区为例》研究方案节选——研究方法

本文的研究方法有三种：文献研究法、调查法、案例研究法，其中案例研究法是本文最主要的研究方法。

(案例分析法) 本文以 XA 市 CA 区审计局精准扶贫审计项目实施过程为切入点，进行深入的剖析，在此案例中，发现精准扶贫审计过程中所遇到的问题，以及问题产生的原因，据此构建一套从精准扶贫审计顶层制度设计到基层工作实施的工作机制。

其他(略)

(4) 研究过程。整个研究在时间及顺序上的安排，要分阶段进行，对每一阶段的起止时间、相应的研究内容及成果均要有明确的规定，阶段之间不能间断，以保证研究进程的连续性。

(5) 拟解决的关键问题。对可能遇到的最主要的、最根本的关键性困难与问题要有准确、科学的估计和判断，并采取可行的解决方法和措施。

案例分析8-7：《精准扶贫基层审计工作机制研究——以XA市CA区为例》研究方案节选——拟解决的关键问题

本文的关键问题是构建精准扶贫基层审计工作机制。分析政府精准扶贫审计中审计方法的运用、审计过程的实施、审计风险的识别以及审计风险的应对等，找出精准扶贫中存在的问题，给出相应的对策建议，使这些问题所产生的风险降低在可接受的水平，最后根据审计机关的工作要求，有针对性地制定精准扶贫基层审计工作机制。

(6) 创新点。研究的点睛之处就是创新点，这是研究必要性的核心支撑，它包括内容创新、方法创新、观点创新、资料创新等，可以突出所选课题与同类其他研究的不同之处。

案例分析8-8：《精准扶贫基层审计工作机制研究——以XA市CA区为例》研究方案节选——创新点

(1) 研究观点创新。在国内精准扶贫审计的前期研究中，大多都是以扶贫资金审计研究和绩效审计研究为主，在实践中精准扶贫基层审计存在的问题较多，相应的工作机制不健全，而本文的研究目标是建立健全精准扶贫基层审计工作机制，有效地提高精准扶贫审计的工作效率。

(2) 研究内容创新。本文从政府审计的顶层制度设计、基层审计机关审计项目工作实施方法、审计干部业务考核指标体系、精准扶贫审计项目绩效考评这四个层面入手，构建切实可行的精准扶贫基层审计工作机制。

(3) 研究资料创新。研究资料来源于XA市CA区精准扶贫基层审计全过程，在审计中，发现道路建设项目重复申报国家扶贫补助资金；由于多个党政部门同时开展扶贫工作，导致扶贫项目、扶贫资金交叉重复。以上所选案例及数据来源于一手资料，且真实、客观、公正。

8.2 学位论文的写作

8.2.1 学位论文写作要求

1) 学位论文的规范性

学位论文的规范性是学位论文评议要素中重点考察的一项指标，也是同行专家评议过程中最为在意甚至是"最难容忍"的底线问题，包括写作基本规范、语言文字表达、引证文献格式、学术伦理道德等问题。具体来说，在标题或正文中不应出现语言不通、错别字频出的问题；在文献引用中不应出现格式混乱、标注不清、来源不明等问题；在研究成果中不应出现剽窃或伪造数据、抄袭代写等作假行为。这些问题直接反映出当代大学生的治学态度、学风状况和学术道德水准，也是学术守门人和学术共同体最关注的问题。

2) 学位论文的基础性

学位论文的基础性是指学位论文中文献回顾、文献综述的全面性与深入程度，体现的是研究生对学科领域基础知识的掌握程度、对最新研究现状的了解程度，以及对相关研究文献的反思审辩与质疑能力，主要包括如下几个方面的问题：一是简单罗列相关研究文献，为综述而综述，述而不评；二是列举的文献不够权威、全面，甚至过于陈旧；三是阅读量不足，缺少国际视野，少有外文文献。解决这些问题没有捷径，唯有下大力气、下功夫广泛查阅文献、深入研读文献、批判评述文献，以尽可能全面而深入地进行文献研究，夯实学位论文的文献基础。

3) 学位论文的学理性

学位论文的学理性突出表现在研究问题、研究框架和研究方法等方面。应聚焦特定研究问题，定位于"小题大做"，而不是宽泛而宏大的选题，更不是某类现象或议题、某项课题或话题的漫谈；应具有内在的逻辑框架，其逻辑的自洽包括清晰界定的概念、合理构成的篇章结构、论证有力的素材或证据等，尽量避免素材、证据、文字的随意堆砌，论点、论据和论证的貌合神离；应运用恰当的研究方法，所用方法既遵循共识性的方法论，又不至于太简单、缺乏技术含量。总之，需要在前后一致、方法有效的前提下，充分且有条理地讨论研究问题、展示研究过程、呈现研究结果。

8.2.2 学位论文写作规范

学位论文写作规范，不仅要求论文写作表述要规范，也要求论文分析与研究要规范。学位论文写作规范的意义和价值，在于为人们提供"理论上和方法上的信念"，因此学位论文所体现的学术思想、学术观点都必须是研究者自己的研究成果，而不是他人的研究成果。那么引用了他人的观点和思想，就应该标明出处来源。

1) 学位论文不可抄袭

学位论文应该是作者知识积累、思考和研究的结果，即作者通过自己辛勤深入研究所获得的研究成果。在撰写学位论文的过程中，必然要参考前人和他人的研究成果，甚至也会引用前人或他人的研究成果。在参考和引用前人或他人的研究成果时，必须注明出处，这既是对前人或他人研究成果的尊重，也能体现自己与前人或他人研究成果的区别，区分哪些是自己研究的结论，哪些是前人或他人的研究成果。教育部明确规定论文不能抄袭他人的成果，抄袭前人或他人的成果视为"论文作假行为"，将受到严惩。教育部出台了《学位论文作假行为处理办法》(中华人民共和国教育部令第 34 号)。

2) 关键词、摘要和结论

撰写"关键词"和"摘要"，是为了便于他人检索。关键词一定要"关键"，是论文中的核心词汇，是显示了"论文主题全部内容信息"的术语。关键词的排列一般将内涵最大的放首位，以此类推，3~5 个为宜。

"摘要"就是对论文的主题内容做一个简要的陈述，不做评价和解释地将论文运用了何种方法得出了何种研究成果直接陈述出来。因此"摘要"不要使用"第一人称"表述，如"本论文""该论文"等，不要把"摘要"撰写成对论文的评价性描述。"摘要"是具有独立性的研究结论，即使他人不阅读论文全部内容，通过对"摘要"的阅读也可获取或了解论文的主题内容和必要的研究成果结论等信息。

学位论文最后需要做出"结论"，不是"余论"，也不是"结语"。就是说通过论证、分析和研究，以及对学术问题的探讨和解决，最后会得出的是一个"结论"。人文社会学科的学位论文一般要求最后得出作者自己的结论。国家相关规定有《科学技术报告、学位论文和学术论文的编写格式》(中华人民共和国国家标准 GB/T 7713—1987)。

3) 不隐匿证据、不编造他说

不能将对自己不利的证据隐匿不用，而对自己有利的证据就反复使用，也不能为了使证据符合自己的立场，而有意曲解证据；不要编造证据和编造前人或他人的研究成果，不能因为自己论证不足，就编造证据或他说来论证自己的观点，这些都是不道德、不规范的学术行为。即使不同意他人的观点，也需要从道理上说清楚，从学理上阐述事实。

4) 学位论文标点符号的规范用法

除了要注意字、词、句的正确使用外，还要注意标点符号的正确使用。标点符号的正确使用，是准确表达艺术理论主题思想的保障和基础。国家相关规定有《标点符号用法》(中华人民共和国国家标准 GB/T 15834—2011)。

5) 注释与参考文献著录规则

撰写论文避免不了会引用到前人的研究成果，乃至引用古籍文献。引用他人研究成果和文献资料都必须注明引文的出处，表明你所引用的内容和观点是他人的研究成果，是对他人研究成果的尊重，同时也是为了读者在阅读学位论文时便于检阅引文或引用文献的全部信息。国家相关规定有《信息与文献：参考文献著录规则》(中华人民共和国国家标准 GB/T 7714—2015)。

8.2.3 学位论文撰写过程

学位论文撰写过程，既是学生获得学位的过程，也是训练和提高学生研究能力的重要方式和手段，一篇优秀的学位论文是学生进入研究领域的"里程碑"。学位论文撰写的具体要求：一是学位论文选题范围窄、角度小、选材精、论证深、内容新、有特色、立意奇；二是学位论文内容真实、独立完成、不作弊、不抄袭、文字优雅、语言流畅、主辅文及图表齐全完整、稿件清楚优秀。对于硕博士学位论文来说，定稿论文应达到出版水准。

1) 学位论文选题

学位论文选题"忌大、忌广、忌空、忌泛"，尽可能"小题大做"而不要"大题小做"。学位论文的选题与研究性课题还有所不同，获得学位是学位论文的一个重要目的，因此，在选题时，一是要做到恰如其分。对硕士学位论文和博士学位论文来说，资料和方法的突破与创新是成功的关键。对于学士学位论文来说，由于本科生的知识和工具运用难以驾驭较大的问题，所以一定要写力所能及的小题目。

案例分析8-9：博士学位论文选题——《互联网金融平台治理研究》

(选题的意义所在)互联网金融平台通过三方信任的建立，从技术和形式上解决了交易双方之间的信息不对称问题，陌生的投融资双方借助平台能够实现直接交易。但对平台信息真实性和有效性的质疑一直存在，从现实情况来看，投资人与融资人、投资人与平台之间信息不对称问题并未得到根本性解决。信息不对称条件下融资人和平台双重机会主义行为不断叠加和交互，产生交易负外部性，在间接网络效应和正反馈效应机制的共同作用下导致互联网金融各种问题和风险集中爆发。有效治理机会主义问题，重塑行业声誉和形象，有助于引导互联网金融回归"分享"和"平等"的理念，更好地服务金融弱势群体，增强经济活力。

案例分析8-10：硕士学位论文选题——《中央企业境外投资业务审计模式研究——基于政府审计的视角》

(选题的意义所在)党的十七大报告中提出"走出去"战略，2013 年习近平总书记发起"一带一路"的合作倡议，党的十九大报告提出要提高中央企业的全球竞争力，境外投资业务迅速发展，但大规模的境外资产却长期处于监管空白，未得到有效监督。因此，有必要开展境外审计模式研究，利用审计手段来加强境外资产的监管力度，保证国有资产的安全。

案例分析8-11：学士学位论文选题——《爱彼迎共享房屋发展营销策略研究》

(选题的意义所在)当前在线短租市场需求量大，短租平台市场竞争激烈，房源的开发成为各大短租平台获得市场竞争力的重要因素。爱彼迎在房屋监管方面的标准不严，房东与房客之间存在信任危机，面临本土短租品牌的竞争，其市场推广不均衡、不全面。

2) 学位论文的组成

学位论文主要由正文、辅文两部分组成。正文是论文的基础、骨干，正文由章、节组成。辅文是论文的辅助部分，辅文的组成比较复杂，这是学位论文中容易出现错误的地方，辅文主要由摘要、关键词、注释、参考文献、致谢、附录等组成。论文的组成部分是论文的基本要素，论文的撰写者应熟练掌握这些要素。

以案例分析 8-9 中的博士学位论文为例，学位论文的组成及顺序为：摘要+关键词(中文)、摘要+关键词(英文)、目录、论文图表索引、正文、参考文献、作者简介、致谢。

以案例分析 8-10 中的硕士学位论文为例，学位论文的组成及顺序为：摘要+关键词(中文)、摘要+关键词(英文)、目录、正文、参考文献、致谢。

3) 学位论文的结构

学位论文不能用散乱要素堆积，要形成结构。要素形成结构才能展现强大的逻辑力量，才能展开论题，才能发挥论文的功能与说服力，从而做到提出问题、分析问题、解决问题。

学位论文正文的一般结构公式为"2+X"，其中，"2"是前言和结束语，也就是论文的头和尾。"前言"是一个"引子"，是引出下文的一段重要文字，往往相当于八股文的"破题"；"结束语"是写在论文后的总结性文字,要求短小精悍、画龙点睛,紧扣论文中心的思想和主要论题。X=章,是正文骨干。学士学位论文结构一般为"2+3/4"式,即论文头、尾加三章或四章;硕士学位论文结构一般为"2+4/5"式,即论文头、尾加四章或五章;博士论文结构一般为"2+5/6"式、"2+7/8"式,即论文头、尾加五章或六章,或是论文头、尾加七章或八章。

案例分析8-12:硕士学位论文正文结构——《中央企业境外投资业务审计模式研究——基于政府审计的视角》

其结构为"2+4",在文中增加了一个案例分析。

1. 绪论

  1.1 研究背景

  1.2 研究意义

    1.2.1 理论价值

    1.2.2 实践价值

  1.3 文献综述

    1.3.1 境外投资业务的文献回顾

    1.3.2 境外投资审计的文献回顾

    1.3.3 审计模式的文献回顾

    1.3.4 文献评述

  1.4 研究内容与创新

    1.4.1 研究内容

    1.4.2 研究创新

2. 相关理论基础

  2.1 系统论

  2.2 免疫系统论

  2.3 信息不对称理论

3. 中央企业境外投资业务发展与审计现状

  3.1 中央企业境外投资业务发展情况

    3.1.1 对外直接投资规模快速增长

    3.1.2 境外投资失败案例汇总分析

    3.1.3 境外投资业务面临的风险

    3.1.4 境外投资业务存在的问题

  3.2 中央企业境外投资业务审计现状

    3.2.1 境外审计覆盖不全面

    3.2.2 境外审计资源不足

    3.2.3 境外审计内容不完整

    3.2.4 境外审计技术方法需继续探索

5. WK 集团境外投资案例分析

  5.1 案例背景

    5.1.1 可行性研究不够充分

    5.1.2 项目投资决策不合规

  5.2 互联网+综合共享审计模式的应用

    5.2.1 审计组人员配置

    5.2.2 利用综合共享平台寻找疑点

    5.2.3 根据线索现场审计收集证据

    5.2.4 形成审计报告，优化审计分析模型

  5.3 本章小结

6. 结论

  6.1 政府机关

    6.1.1 出台《境外投资条例》规范监管职责

    6.1.2 建立境外投资政府审计常态化机制

    6.1.3 加快审计署境外投资审计队伍建设

    6.1.4 推进境外国有企业混合所有制改革

  6.2 中央企业

    6.2.1 完善中央企业境外投资组织管理体系

    6.2.2 建设中央企业境外投资信息管理系统

    6.2.3 健全中央企业境外投资内部审计制度

学位论文的谋篇布局，应强调以下几点。

(1) 各章文字的分布应尽可能匀称，体现文章的"结构美"，即论文章、节的标题要简洁明快，有特色，引人注目；文字分布要匀称，体现对称美。

(2) 正文和注释、后记、文献、附录的字体、编排方式，要做到匀称和谐。

(3) 图表配置要协调，封面封底设计要与论文内容匹配，学位论文的封面封底都应严肃而富有学术感。

(4) 学位论文作者要自己进行"三审三校一通读"，反复进行"精修精改"，降低错误率。

4) 学位论文的亮点

论文的亮点是论文的"奇特"之处，是独创、原创性的研究成果，要精心建构，在论文的"摘要""结束语"中，都应有不同角度、不同侧面的反映。"深刻的片面性的"文章更有吸引力，更能引起读者的注意。学位论文的亮点，如同璀璨的明珠，镶嵌在显要位置，引人注目。论文亮点是作者研究功力的体现，文字能力的展示，是整个论文"金镶玉嵌的皇冠"。

5) 学位论文主线与中心思想

撰写学位论文，线索一定要明晰，用一条主线把正文的章、节串联起来，撰写时应注意围绕主线展开。

(1) 论文的线索要围绕论文的主题展开，明确主题、体现主题、贯穿主题、展开主题。论文题目和章节题目有以下特点：简洁、明快、有特色，易知、易记，论文的主线从论文题目开始展开。

(2) 论文题目是论文逻辑进程的源头，围绕主线展开论文要做到两点：其一，将所论问题的历史进程作为展开论文的逻辑进程，逻辑的终点达到此问题的前沿，反映最新水平及自己的独创、首创、新创内容。其二，用"抽象上升为具体"的方法展开中心论点，逐层逐步、递进深入地展开，对中心概念、主题论证做到逐层丰富、完整、充实。

(3) 对中心和亮点多角度、多层次地"烘托"。撰写学位论文时，要抓住中心论点，按"逻辑与历史统一""抽象上升为具体"的方法去展开命题，在论证过程中，要用科学事实、前人研究的重大成果、名人论断、数理统计、统计曲线、统计图表等方式，多层次、多角度地烘托中心，反衬中心和亮点，增强文章的逻辑力、说服力、感染力。

6) 论文的致谢

论文的致谢是学位论文必要的辅文，撰写时文字要尽量简洁明快，言简意赅，要对帮助过、指导过自己的教师、前辈、同学致谢。学位论文的致谢部分能表现作者的良好风范、道德人格，是其"文德"成熟的展现。

7) 参考文献

学位论文必须有充足、齐备的参考文献。参考文献作为学位论文的重要辅文，是由科学文化的继承性决定的。在撰写学位论文时，首先需要大量地学习及运用前人已获得并被证明正确的知识，前人的研究都是以各种文献的形式传承了下来，而"站在巨人肩膀"上的学位申请者，必须充分进行文献研究，并把文献作为辅文列于文后。开列参考文献时，可将中外文的文章、著作、网络资料分类列出，尽可能按由近及远的年代排列；开列文献和引注文献要有一定的规范性，请参考"第三章　文献阅读与文献回顾"部分的具体要求。

8) 论文附件

为使论文完整丰满，有时在文后配置一些附件，主要有以下四类：阶段性成果；所承担的相关相近的研究项目；围绕此论文中心发表过的文章；围绕此课题的有关调研和调研报告。配置附件的目的是支撑论文，强化成果，扩大学术影响。

此外，在论文撰写过程中，一是可将论文浓缩发表或拆零发表，做到早出成果；二是将论文内容经过充实、修改后出专著；三是可将论文延伸至其他与学位论文相关或相近的项目，从而多角度延续取得的成果。总而言之，撰写学位论文是一个不断研究与学习的过程，也是学位申请者进入学界的里程碑。因此，所有的学位申请者，都应充分重视，应以对申请者本人负责、对社会负责、对文化传承积累负责的精神，精心组织，认真完成。

本章小结

本章首先介绍了学位论文开题报告撰写的内容和要求，然后分别介绍了学位论文的写作要求、写作规范及写作内容，重点要求掌握学位论文的写作内容。

思考与练习：

1. 课外复习提问

(1) 学位论文开题报告撰写的要点是什么？

(2) 学位论文的写作要求是什么？

2. 作业布置

选择学位论文的选题，拟订题目，确定学位论文的目录结构。

第六篇　课题申报

科研课题的申报，是科研工作非常重要的一步，是整个研究工作的关键和前奏。为了实现申报课题成功立项，提高中标率，必须重视课题申报材料的写作。在一定程度上，课题申报能否成功，直接取决于研究人员的写作能力及申报书的撰写是否充实、科学和规范。

第一，研究目标新颖，研究问题明确；

第二，研究思路清晰，研究内容翔实；

第三，研究方法科学，研究计划可行。

第9章

课题申报书的撰写

📖 案例导读

关于《"一带一路"沿线国家投资争端解决机制创新研究》的国家社会科学基金项目申报书撰写内容(部分摘录)

研究总体框架如图9.1所示。

1. 评估当前的国际投资争端解决机制解决"一带一路"沿线国家投资争端的现状

结合"一带一路"沿线国家投资争端产生的原因,深刻剖析目前"一带一路"沿线国家关于国际投资争端的监管模式、立法体系,以及沿线国家近年来对此在区域层面开展的内部协调和外部合作机制,重点对WTO争端解决机制、ISDS机制、区域性投资争端解决机制、双边协议中的争端解决机制等解决投资的争端方式做法理及实践分析,明确各种解决争端方式用于解决沿线国家投资争端的优缺点。

2. 剖析"一带一路"倡议下对沿线国家投资争端解决机制进行创新性研究的现实诉求

立足于"一带一路"倡议法治化的需要,结合"一带一路"沿线国家的经济发展状况,分析众多沿线国在经济制度、政治制度、法律制度和文化传统等方面存在的差异性,沿线国家或地区内部之间存在的各种矛盾和冲突,各相关国家存在着的投资壁垒与障碍,投资沿线国家会遇到的各种风险,以及当前国际投资争端解决机制解决沿线国家投资争端的不适性,论证在"一带一路"倡议下对沿线国家投资争端解决机制进行创新性研究的重要性、必要性和紧迫性。

3. 探求"一带一路"沿线国家投资争端解决机制的构建

该部分包括:第一,模式的选择,并不要求所有沿线国须恪守一套争端解决体系,可根据实践中构建的区域经贸合作机制的客观情况,既可在双边层面上亦可在多边层面上与不同的沿线国分别制定相应的争端解决机制,即构建"宜双边即双边、宜多边即多边、以双边促进多边、以多边带动双边"的投资争端解决机制。第二,构建的基本原则,遵循不干涉内政、尊重司法独立、平等协商、尊重东道国管辖、透明度等原则。第三,具体的构建,结合"一带一路"沿线国家的国情,在借鉴国际投资争端解决机制及美国、日本等较为成熟国家的贸易摩擦协调机制的基础上，构建一个专门解决沿线国家投资争端的机制，该机制以调解和仲裁为核心程序，同时，在该机制中引入争端多主体协调程序——偏向政治性的解决方式，使之与调解程序、仲裁程序等成为一系列有内在逻辑的机制体系。第四，"一带一路"沿线国多套国际投资争端解决机制的协调分析。分析多套投资争端解决机制的相互关系及可能产生的问题，提出相应的协调建议。

4. 研究中国应对"一带一路"沿线国家投资争端解决机制的对策

研究当前中国在"一带一路"沿线国家投资的典型案例，以经济学与法学相结合的视角，分别从政府层面、行会层面、企业层面研究利用"一带一路"沿线国家投资争端解决机制最大化保护中国的海外投资利益，这是中国参与制定该机制的重要原因，也是中国主导的"一带一路"倡议法治化的需要。

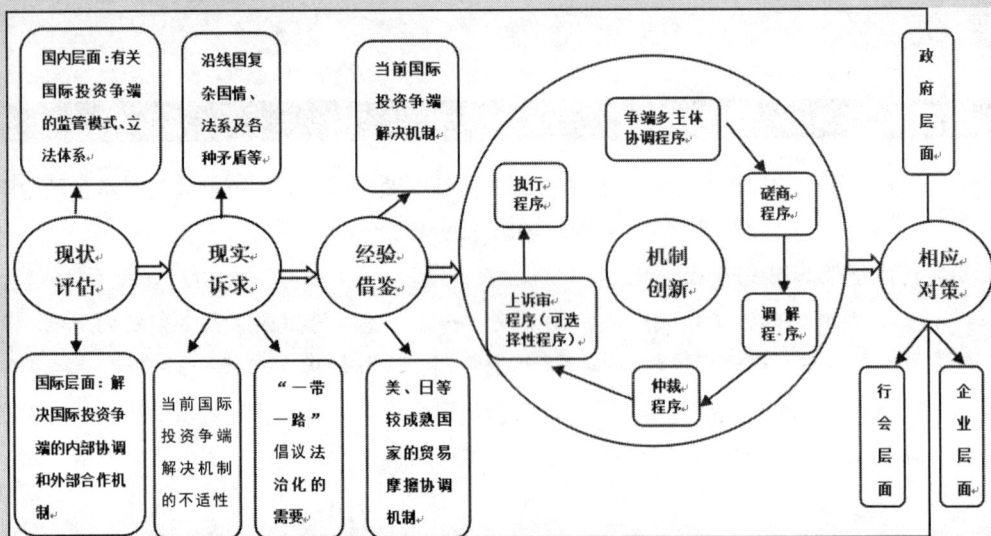

图9.1　研究思路总体框架

学习目的：

1. 了解课题申报书与开题报告的异同；
2. 掌握社科基金项目申报书的撰写与论证。

9.1　课题申报书与学位论文开题报告的联系和区别

学位论文是为了检验研究者的学术训练及知识水平，开题报告是学位论文的前期论证，其研究目的更具学理性。课题申报书主要是项目申报的前期论证，它服务于项目本身的目标，尽管很多纵向课题是以基础研究为主旨，但仍然带有不同程度的实用性诉求。

1) 课题申报书与开题报告的联系

课题申报书与论文开题报告都是对一项研究所做的设计和构想，有着比较相近或相同的内容结构(项目名称、研究背景、研究综述、研究意义、理论依据、研究目标、研究内容、研究方法、研究步骤、成果形式、研究保障等)。

2) 课题申报书与开题报告的区别

(1) 所表述的含义不尽相同。

课题申报书是一项课题确定之后，课题研究人员所设计的整个课题研究工作计划。它论述开展课题研究工作的具体思路和设想，初步拟订课题研究各方面的具体内容和步骤。

开题报告是学位论文题目确定后，在论文撰写工作开展前，由学生向开题审核专家组进行书面或当面陈述的材料。

(2) 论证的内容侧重点和目的有所不同。

课题申报书论证的侧重点在于课题研究的问题是否具有价值和意义，是否体现创新性，是否具有可行性，要具体研究问题的哪些方面，达到怎样的预期等。其主要目的在于帮助课题被科研部门顺利通过批准立项。

学位论文开题报告是使研究方案的各部分内容设计更优化、更细化，论证的侧重点在于怎样进行研究才能实现预期结果，要确定具体的操作策略。其主要目的在于完善方案、充实方案，是对项目研究方案的再设计、再修改，使研究方案更科学、更可行、更具可操作性。

(3) 前期所做的准备工作也有所不同。

学位论文开题报告撰写前项目研究者要做的准备工作一般有选题、收集资料、进行文献检索、构思学位论文的初步研究方案，向指导老师申请通过开题。

课题申报书设计之前课题研究者要做的准备工作一般有选题、组建课题研究小组、开展相关调研、课题组对课题创新性与可行性进行研讨等。

9.2　社科基金项目申报书的撰写

撰写社科基金课题申报书是一个细化所要研究问题的过程，要详细论述立项依据、研究方案、可行性及创新点等。课题申报时，评审专家只能通过申报书来了解课题的内容，所以必须认真对待。在撰写时要做到：态度严谨、描述到位、语言得体、前后通畅、主题明确。2020年国家社会科学基金项目申请书见附录 1，2020 年国家社科基金年度项目活页填写范式见附录 2。

9.2.1　社科基金项目的选题

社科基金项目的选题没有固定模式。在选题方面，应该做到"三个关注"和"两个结合"。"三个关注"，即关注党和国家提出的重大理论、出台的大政方针政策；关注国家和区域经济社会发展中的重点、焦点、难点问题；关注学科知识体系研究发展的动态。"两个结合"，即结合当年项目选题指南；结合项目负责人和课题组成员研究的领域、方向、优势与特色。

1) 认真研究各类基金项目所给定的指南

(1) 按照"指南"给出的方向选题。

(2) 选题要与时俱进，贴近课题指南、紧跟党和政府最新重大部署、关注国内外最新动态。

(3) 选题要关注理论前沿。

(4) 选题要有全局意识。题目不要过大、过长，尽量不加副标题。选题要尽量避免与热门题目扎堆，避免与较强研究力量"撞车"。要重视小学科的科研选题。选题要实事求是，量力而行，非己所长的题目不要选。处理好"自拟"题目与"指南题目"的关系。选题可以照抄"指南"的题目，也可以根据自己所熟悉的领域修改"指南"的题目。

2) 从重要文件文献中选题

以 2017 年 12 月 10 日，习近平总书记关于"实施国家大数据战略加快建设数字中国"讲话中的一段话为例。习近平总书记指出，要构建以数据为关键要素的数字经济(选题《新时代我国构建以数据为关键要素的数字经济体系研究》)，推动实体经济和数字经济融合发展(选题《新时代我国实体经济和数字经济融合发展研究》)，推动互联网(选题《新时代我国互联网同实体经济深度融合发展研究》)、大数据(选题《新时代我国大数据同实体经济深度融合发展研究》)、人工智能同实体经济深度融合(选题《新时代我国人工智能同实体经济深度融合发展研究》)，继续做好信息化和工业化深度融合这篇大文章(选题《新时代我国信息化和工业化深度融合发展研究》)，推动制造业加速向数字化、网络化、智能化发展(选题《新时代我国制造业加速向数字化、网络化、智能化发展研究》)。

3) 掌握选题定义技巧

(1) 题目不宜太长。太长表明作者缺乏概括能力和抽象能力，题目要求精炼、简洁，要力求达到多一个字太长、少一个字太短的水平。

(2) 核心概念不宜多，最多两个，最好一个。核心概念超过两个，论文究竟研究什么就非常难把握了，而且概念太多通篇很可能就是在解释概念，实质性的内容就被冲淡了。

(3) 表达要精准。题目如果引起歧义，或者模糊不清，那么论文在写作时很可能出现跑题现象。

4) 选题命名的热词

社科基金项目的课题命名的热词可能是"×××"问题研究、机制研究、模式研究、模型研究、对策研究、范式研究、路径研究、政策研究、战略研究、策略研究、规律研究、诠释研究、程序研究、内涵研究、体系研究、效率研究、发展研究、应用研究、启示研究、比较研究等。

9.2.2 选题依据的论证

选题依据包括国内外相关研究的学术史梳理及研究动态，本课题相对于已有研究的独到学术价值和应用价值等。从论证范围上讲，包括国内与国外两个方面；从论证内容上讲，包括四个方面，即梳、理、评、研。

1) 学术史梳理方法

(1) 选择有代表性的文献，即在权威刊物上发表的论文和权威论著，这些论文论著代表了学术发展的基本状况。不能把那些不入流刊物上的文章都罗列出来。

(2) 选择有代表性作者的文献，也就是权威学者，或者是活跃在学术界的作者的论文、论著。这些论文论著同样也代表了学术发展的基本态势。

(3) 选择研究的视角来梳理文献，也就是结合你要研究的视角特别是具体的问题来梳理文献，这样范围就大大缩小。

2) 学术史梳理及研究动态的论证范式

这一部分一般采用三段式或四段式展开，切忌采用一段式。

(1) 三段式。①国内相关研究的学术史梳理及研究；②国外相关研究的学术史梳理及研究；③综上所述：现有研究成功之处，现有研究不足之处，本研究能解决的问题和亮点。

(2) 四段式。①本研究的引入(背景)；②国外相关研究的学术史梳理及研究；③国内相关研究的学术史梳理及研究；④综上所述：现有研究成功之处，现有研究不足之处，本研究能解决的问题和亮点。

3) 学术史梳理及研究动态的论证内容

这部分是由对某一学科、专业或专题的大量文献进行整理筛选、分析研究和综合提炼而成的，反映当前某分支学科、某研究领域或某研究问题的历史现状、最新进展、学术见解，反映出有关研究问题的新动态、新趋势、新水平、新原理和新技术等。

学术史梳理及研究动态是针对某一研究领域分析和描述前人已经做了哪些工作，进展到何种程度，要求对国内外相关研究的动态、前沿性问题做出较详细的综述，并提供参考文献。对研究成果的表述要准确，重要人物及其代表作一定要列出来。

要准确概括存在的问题、提出解决的思路和方法，尤其是对流行观点的表述要慎重，对他人研究成果的评价要客观公正，切忌在批判别人成果的基础上突出自己的研究，不要贬低前人的研究成果，不要吹嘘自己，明确表达前期工作形成的学术思想或学术观点。

4) 独到学术价值和应用价值的论证方法

所谓"学术价值和应用价值"，即本研究课题和以往立项课题、既有研究成果之间的区别究竟在哪里？

(1) 学术价值 = 学术增量。

学术价值的本质是学术增量。找出现有理论的问题、矛盾或缺憾，全面展示新理论和新知识、新资料或者新数据，以及新的方法。

(2) 应用价值 = 观照现实。

应用价值既要务实而不空洞，又要有高度和概括性。观照当代中国和世界的具体社会问题、现实问题，能够给出一个解释框架、分析逻辑，或者干脆就是给出带有可操作性的对策及建议。

注意：①价值不能等同于创新，价值是解决问题，创新是前所未有；②实事求是、客观中肯，切忌"填补空白"之类的论调；③学术价值主要侧重于发现新的"学术问题"，应用价值侧重于提供解决问题的方法。

案例分析9-1:《"一带一路"沿线中国品牌故事传播策略研究》的选题依据

该申报书的"选题依据"采用四段式的写法,先交代了"中国品牌故事传播策略"的研究背景;紧接着就国内外相关研究的学术史及研究动态进行梳理;然后对"中国品牌故事传播策略"现有研究成功之处、现有研究不足之处,以及本研究能解决的问题和亮点进行述评,最后介绍了本研究独到的学术价值和应用价值。相关描述如下。

(本课题的研究背景) "中国品牌故事传播策略"指中国自主品牌以讲故事的方式,向利益相关者传播其品牌价值、文化属性与产品服务功能属性的相关政策。习近平总书记强调,要推进国际传播能力建设,讲好中国故事,展现真实、立体、全面的中国。而"一带一路"倡议,为中国品牌出境获取国际话语权创造了良好的战略机遇期。在境外讲好中国品牌故事,须探索科学策略。如何在"一带一路"沿线策略性地讲好中国品牌故事,成为中国自主品牌发展面临的时代命题。

(一) 国内外相关研究的学术史梳理及研究动态

1. 国外相关研究的学术史梳理及研究

第一,解读品牌故事的内涵。主要观点:①品牌背后的故事,认为品牌故事可理解为品牌背后的故事(Brand Backstory),它揭示了影响品牌形成的历史事件,也传达了与品牌发展有关的年代时间信息(Narsey & Russel,2013;Diamond,2009);②品牌的传说,认为品牌故事即品牌传记,它将静态结构的品牌个性转化为动态的选择性叙述的品牌内涵(Avery,2010;Aaker,1991);③品牌的原型故事,认为原型故事以隐喻形式让消费者去体验品牌的理念(Woodside,2013;Bettman,2000),让消费者获得品牌理念的典型体验(Archetypal Experience)。

第二,描述品牌故事的构成要素。主要观点:①结合营销实践,认为品牌故事包括:寓意、角色、冲突、情节和品牌营销线索(Vincent,2002;Fog,2005);②结合受众感知,认为品牌故事包括行动愿景、公众可视化事件和感知愿景、受众用心去体会的故事(Bruner,1990;Escalas,1998)。

第三,探索品牌故事的功能。主要观点:①引导功能,认为品牌故事作为一种故事典型,可引导受众更快、更有效地领会品牌内涵和理念(Zemke,1990);②情感功能,认为品牌故事可以强化品牌与受众的情感联系,激发其购买欲望(Granitz & Forman,2015;Morgan,1997);③体验功能,认为品牌故事可丰富受众品牌体验(Hollenbeck,2008;Woodside,2011);④管理功能,认为品牌故事是一种管理工具,可通过超强感染力与说服力让品牌管理更加高效(Wacker,2008)。

2. 国内相关研究的学术史梳理及研究

第一,关于品牌故事内涵的研究。主要观点:①从狭义上看,认为品牌故事是另一种形式的广告,是品牌发展过程中与消费者之间成功进行的情感传递(杨大筠,2007);②从广义上看,认为品牌故事是企业通过讲故事的方式,向消费者阐释和传播其品牌内涵的核心价值观,从而引起消费者的共鸣,形成对品牌的良好印象(彭传新,2011)。

第二,关于品牌故事结构与创新的研究。主要观点:①品牌故事结构主要包括"主题"与"内容"(汪洋,2011);②角色、事件、物件、冲突、讯息、故事结构与特色是核心构成要素(黄光玉，2006)。

第三，关于品牌故事传播具体策略的研究。主要观点：①从企业视角出发，认为可从企业创始人或经营者身上、企业产品或服务理念上以及企业文化等方面挖掘品牌故事(丁光梅，2018);②从媒体新闻报道视角出发，认为讲好中国品牌故事需找好角度与着力点，新闻作品可以通过解谜题、话趣事、启未知、引入戏入手(程曼丽，2015); ③从叙事策略视角出发，认为品牌"出海"更应强调微小叙事，而不是宏大叙事(师曾志，2018); ④从现存问题出发，有学者指出国内媒体以惯常思维方式报道中国品牌成就，中国品牌故事很难与海外话语气氛匹配，讲出去了也很难被认可(胡正荣，2015)。

(研究述评)综上所述，国内外相关研究成果较为丰富，显著特点是研究视角多元，且已形成一定的积淀。但目前已有成果大多聚焦"品牌故事内容构建+具体传播策略"，缺乏对品牌故事传播策略的多维、系统考察，尤其是品牌故事传播的运营策略、保障策略以及检验策略等研究尚属空白，对"一带一路"沿线特殊品牌传播环境、特点及相应策略研究也尚薄弱，这为本选题提供了研究方向和研究空间。

(二) 独到学术价值和应用价值

1. 独到学术价值

(1) 立足"一带一路"沿线特殊传播环境，丰富和发展了中国品牌故事传播策略相关理论研究，也为"一带一路"沿线讲好、传播好、运营好中国品牌故事提供系统、专业、科学的理论指导。

(2) 当前世界正处于重塑国际话语体系的重要时期，也是中国品牌"出海"获取国际话语权的战略机遇期。"一带一路"沿线中国品牌故事传播策略研究，既是中国品牌提升竞争力的需要，也有利于促进中国品牌实现自主创新。

2. 独到的应用价值

(1) 促进"一带一路"沿线中国品牌故事顺畅、高效传播，提高"一带一路"沿线中国品牌知名度和品牌声誉。

(2) 有利于中国品牌明确"一带一路"沿线品牌传播风险点和机遇点，为防范跨地域、跨文化品牌传播风险提供对策。

9.2.3 "研究内容"论证

研究内容包括本课题的研究对象、总体框架、重点难点、主要目标等，主要是界定研究对象，设计总体框架，明确重点难点，以及预计研究主要目标等。

1) 界定"研究对象"

"研究对象"界定时，要有项目观，即对项目总的看法和根本观点，项目观主要解决选题对象"是什么"的问题，在界定"研究对象"后，要明确研究立足点。

案例分析9-2：《"一带一路"沿线中国品牌故事传播策略研究》界定研究对象

本课题的研究对象是"一带一路"沿线中国品牌故事传播策略，主要包括："构建策略+运营策略+弘扬策略+保障策略+检验策略"五个方面多维度品牌故事传播策略研究。

案例分析9-3：《商业银行金融科技发展对经营风险的影响及对策研究》界定研究对象

本课题以商业银行为研究对象，将商业银行金融科技发展、业务模式创新及经营风险纳入一个分析框架，探讨商业银行金融科技发展对经营风险的影响机理与效应。

案例分析9-4：《世界政治不确定对中国企业国际化动态选择及其创新的影响研究》界定研究对象

本课题以世界政治不确定背景下中国企业国际化动态选择与创新为研究对象，分析世界政治不确定影响企业国际化动态选择及创新的机理，探究世界政治不确定对企业国际化动态选择的影响程度与内在机制，考察国际化动态选择是否能调节世界政治不确定对企业创新的影响效应，从政策角度研判在日益复杂的世界政治不确定背景下我国政府和企业的战略选择和具体措施。

2) 设计"总体框架"(最好有框架图)

总体框架不要太细，要具体确切可操作。研究框架逻辑关系要清楚，研究内容主要观点不能缺位，观点新颖，有创新性，注意重点突出，详略得当，有结论。要关注从哪个角度切入，如何展开，怎样体现研究者的观点。

请阅读本章章首案例导读部分有关总体框架设计的相关内容。

案例分析9-5：《商业银行金融科技发展对经营风险的影响及对策研究》总体框架的设计(简要说明)

本课题总体框架分为四大模块，分别是：

● 模块一，商业银行金融科技发展指数构建；
● 模块二，商业银行金融科技发展对经营风险的影响机理研究；
● 模块三，商业银行金融科技发展对经营风险的影响效应研究；
● 模块四，商业银行金融科技发展背景下经营风险控制对策研究。

(3) 明确重点难点

明确该课题的重点，重点一般与内容相呼应，但并不是所有内容都是重点，要区分轻重缓急。

难点要讲透。不难，国家为什么给那么多钱？不难，为什么要给你立项？国内外研究已取得了很大进展，目前还有这么几个问题没解决，难点在哪。针对难点，提出针对性的解决方案。

案例分析9-6：《"一带一路"沿线中国品牌故事传播策略研究》明确重点难点

1. 本课题的研究重点

(1) 中国品牌故事传播策略的多维构成与系统运作。

(2) "一带一路"沿线中国品牌故事传播面临的问题与困境。

(3) "一带一路"沿线中国品牌故事传播影响因素及应对策略。

2. 本课题的研究难点

(1) 需考虑"一带一路"沿线品牌传播的跨地域、跨文化特征，求同存异，兼顾普遍性与特殊性。

(2) 需找到学术性、实践性、专业性的有机结合点，形成系统的、相互作用的"五角模型"。

案例分析9-7：《世界政治不确定对中国企业国际化动态选择及其创新的影响研究》明确重点难点

重点：一是构建政治不确定影响企业国际化动态选择的理论框架，从先发和延迟两个视角进行机理分析，利用现代计量前沿方法进行实证分析；二是国际化动态选择中世界政治不确定的创新效应评估；三是构建政治不确定评价指标体系，选择灰色聚类评价方法进行政治不确定评价，这是开展后续研究的基础和依据。

难点：一是选择适当的现代计量前沿方法进行实证分析以及合理解释回归结果，存在一定难度；二是找到合理的工具变量，处理可能存在的内生性问题，存在一定难度；三是利用灰色聚类方法评价政治不确定，评价的灰类确定及适当延拓、指标选择和数据收集等方面，存在一定的难度。

4) 预计研究主要目标

研究目标，即课题研究要达到预想的目的，通常需要加以分解，提出一系列可操作、可验证的具体目标。一般情况下，目标是由概括性的叙述组成，可以结合下列句型：分析……和……之间的关系；明确……影响机制；验证……的假设；提出……对策。任何一个课题研究的目标都不宜太多，大多数会有两至四个。

案例分析9-8：《"一带一路"沿线中国品牌故事传播策略研究》预计研究主要目标

(1) 解决中国自主品牌在"一带一路"环境中面临的品牌故事传播的内容构建错位，运营管理低效，沟通传播不畅，效果检验滞后等问题。

(2) 响应相关政府部门、行业协会以及品牌方在"一带一路"沿线讲好中国品牌故事实践需求，为其提供行之有效的策略建议。

案例分析9-9：《商业银行金融科技发展对经营风险的影响及对策研究》预计研究主要目标

(1) 构建商业银行金融科技发展指数，为商业银行金融科技发展的后续相关研究提供理论与实证支持。

(2) 明确商业银行金融科技发展对经营风险的直接影响与间接影响。

(3) 提出商业银行金融科技发展背景下经营风险控制对策。

9.2.4　"思路方法"论证

"思路方法"论证包括：研究基本思路论证、具体研究方法论证、研究计划论证以及研究可行性论证。

1) 研究基本思路论证(最好有图)

研究基本思路就是研究的步骤和总体设想，可采用提纲式阐明研究思路，通过研究思路，能够确认研究的科学性、逻辑性、可行性。基础研究要突出学术性和知识性，是指通过理论性或基础性的社会研究，获得有关人类社会的基本知识，发展新知识，增加对统一性的基本认识，旨在扩大构成基础科学的知识库。应用研究要突出实用性和针对性，是针对某些社会实际问题而进行的具体研究，研究本身是为了提供解决这些问题的思路与方法，基于已有的知识，找出实现实用目的的新方法。

案例分析9-10：《"一带一路"沿线国家投资争端解决机制创新研究》研究基本思路论证

本课题以"一带一路"沿线国解决投资争端的现状为出发点，深刻剖析沿线国国内层面关于国际投资争端的监管模式、立法体系，以及沿线国家近年来对此在区域层面形成的内部协调和外部合作机制，明确各种解决争端方式用于解决沿线国家投资争端的优缺点，进而提出"一带一路"倡议下对沿线国家投资争端解决机制创新性研究的现实诉求，在借鉴国际投资争端解决制度及美国、日本等较为成熟国家的贸易摩擦协调机制的基础上，对如何构建符合沿线国各国国情的国际投资争端解决机制提出建议。继而，在此分析基础上进一步探讨中国的对策，从而最大化保护我国在沿线国的海外投资利益。

2) 具体研究方法论证

"研究方法"是解决问题的门路、程序，是完成任务与实现目标的程序、途径、技术、手段、操作规则的总称。每一项课题都要有相应的研究方法，课题研究要搭配使用多种方法。一般情况下，课题研究采用综合的研究方法，或以一种方法为主，其他方法为辅。这样有利于收集多方面的信息，可以得到可靠的结论。在研究设计中应提出用这些方法起什么作用以及如何进行操作等。

一个常见的误区：课题研究方案中只提到用哪些方法，没有说明如何用，在哪些环节上用，如只罗列研究方法为：文献研究法、观察研究法、调查研究法、实验研究法、实证研究法。

案例分析9-11：《商业银行金融科技发展对经营风险的影响及对策研究》具体研究方法论证

本课题具体研究方法如下。(此处只列出了模块一和模块三，可参阅案例分析9-5中所述的本课题总体框架部分)

模块一的主要研究方法：采用归纳演绎法明确商业银行金融科技发展内涵；运用文本挖掘法、Python技术、主成分分析、相关性分析等方法构建商业银行金融科技发展指数。

······

模块三的主要研究方法：采用风险无效率衡量经营风险，运用随机前沿法，建立超越对数生产函数测度风险无效率；采用财务数据测度业务模式创新；运用相关性分析、逐步回归法、双向固定效应模型、Bootstrapping法等方法实证检验商业银行金融科技发展对经营风险的直接影响效应与间接影响效应。

……

研究技术战线如图9.2所示。

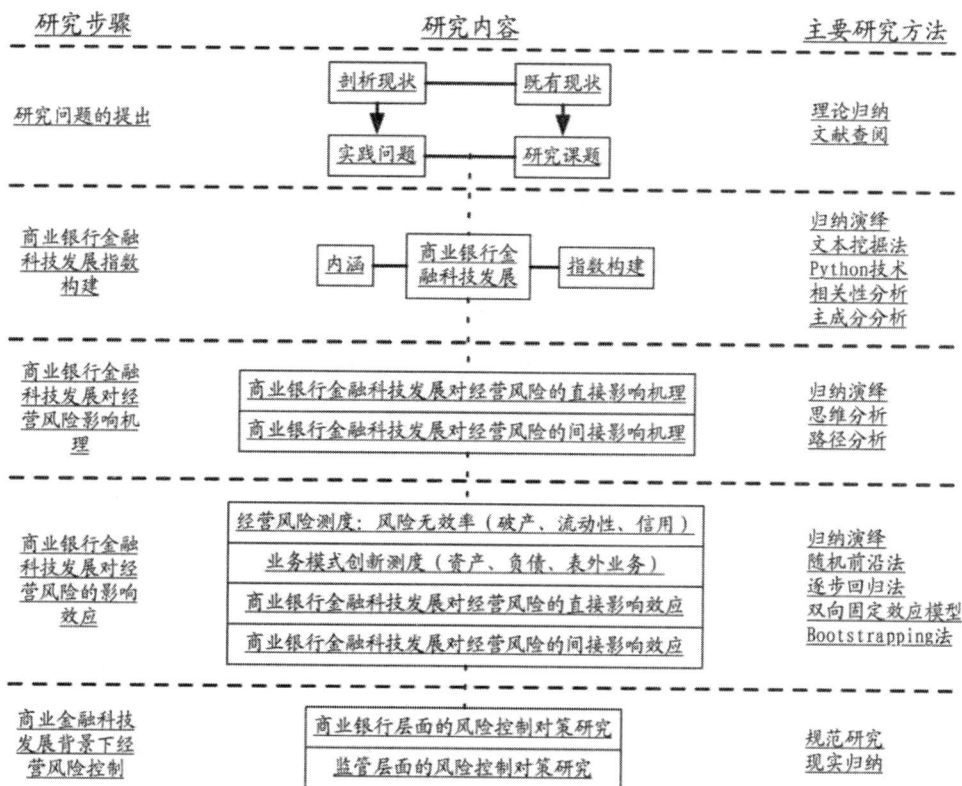

研究步骤　　　　　　　　　研究内容　　　　　　　　　主要研究方法

研究问题的提出

剖析现状　——　既有现状

实践问题　——　研究课题

理论归纳
文献查阅

商业银行金融科技发展指数构建

内涵　——　商业银行金融科技发展　——　指数构建

归纳演绎
文本挖掘法
Python技术
相关性分析
主成分分析

商业银行金融科技发展对经营风险影响机理

商业银行金融科技发展对经营风险的直接影响机理

商业银行金融科技发展对经营风险的间接影响机理

归纳演绎
思维分析
路径分析

商业银行金融科技发展对经营风险的影响效应

经营风险测度：风险无效率（破产、流动性、信用）

业务模式创新测度（资产、负债、表外业务）

商业银行金融科技发展对经营风险的直接影响效应

商业银行金融科技发展对经营风险的间接影响效应

归纳演绎
随机前沿法
逐步回归法
双向固定效应模型
Bootstrapping法

商业金融科技发展背景下经营风险控制

商业银行层面的风险控制对策研究

监管层面的风险控制对策研究

规范研究
现实归纳

图9.2　研究技术路线

案例分析9-12：《世界政治不确定对中国企业国际化动态选择及其创新的影响研究》研究基本思路与具体研究方法

首先，构建世界政治不确定评价指标体系，测算与比较我国及世界主要国家的政治不确定程度；其次，探究世界政治不确定影响企业国际化动态选择及创新的机理；再次，在企业异质性假设下，检验世界政治不确定影响中国企业国际化动态选择及创新的程度与机制，考察国际化动态选择是否能调节世界政治不确定对企业创新的影响效应；最后，提出在世界政治不确定背景下中国企业国际化动态选择与创新提升的战略举措。

研究基本思路和具体研究方法如图9.3所示。

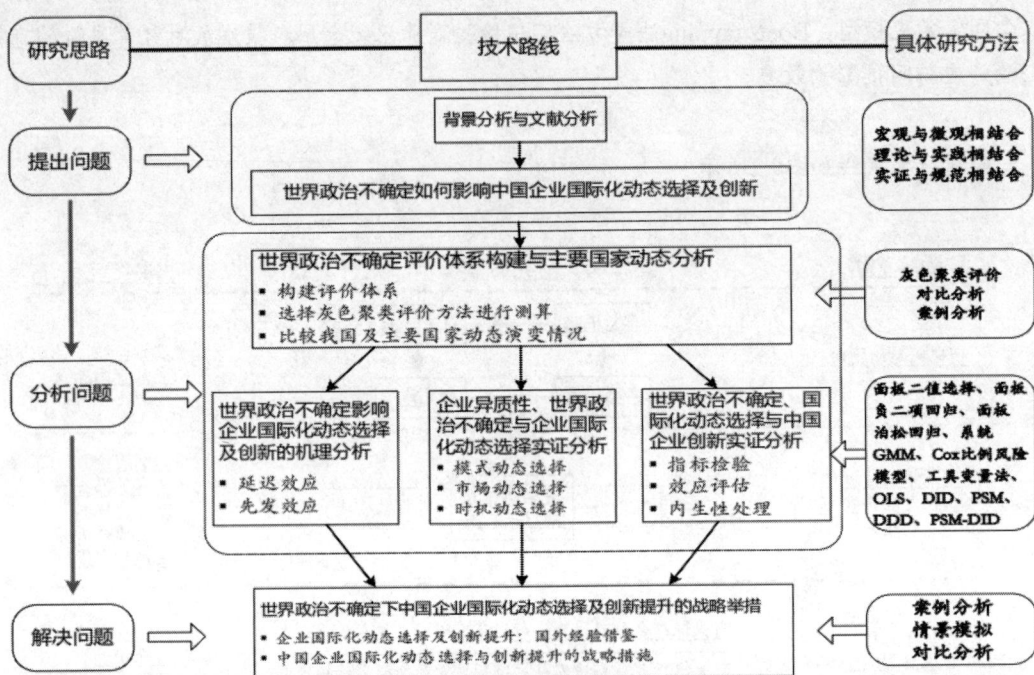

图9.3 研究基本思路和具体研究方法

(3) 研究计划论证

研究计划论证：就是确定研究实施过程和时间规划，即对研究的具体阶段、工作安排等做出设计，研究的每一步骤、每一阶段的工作任务和要求，每个阶段需要的工作时间，都要写进课题设计方案中，确保课题研究的可行性和可操作性。

案例分析9-13：《商业银行金融科技发展对经营风险的影响及对策研究》的研究计划

《商业银行金融科技发展对经营风险的影响及对策研究》的研究计划如表9.1所示。

表9.1 《商业银行金融科技发展对经营风险的影响及对策研究》的研究计划

研究时间进度	阶段性目标及工作内容
2019.07—2019.12	细化研究方案，丰富文献资料，挖掘研究数据
2020.01—2020.06	商业银行金融科技发展内涵界定与指数测度
2020.07—2020.12	商业银行金融科技发展对经营风险的影响机理研究
2021.01—2021.06	商业银行经营风险测度和业务模式创新测度； 商业银行金融科技发展对经营风险的影响效应研究
2021.07—2021.12	提出商业银行金融科技发展背景下经营风险控制对策
2022.01—2022.06	汇总研究成果，撰写研究报告初稿，召开专家论证会，修改研究报告，定稿

(4) 研究可行性论证

研究可行性，一是研究方案可行性(研究内容上、研究框架上、研究方法上的可行性)；二是前期准备与资料收集的可行性(前期课题负责人的相关准备、课题组成员的相关准备、单位可为课题提供资料搜集的可行性)；三是研究团队的可行性(提倡跨专业、跨学科、跨单位组成团队，团队成员并非越多越好，以5~7人为宜，根据研究内容和研究难度而定)。

案例分析9-14：《世界政治不确定对中国企业国际化动态选择及其创新的影响研究》研究可行性论证

(一) 已获相应数据资料

课题组已经获得所需的重要数据库，如《中国工业企业数据库》《中国海关数据库》《商务部境外投资企业(机构)名录》《中国企业专利数据库》《世界银行世界发展指数》《清华大学中外关系数据库》《全球政体特征与转型数据库》《世界银行国家政策和制度数据库》《世界银行治理数据库》《世界制度与选举项目数据库》等，在以往的研究中已经能够熟练应用。

(二) 前期研究成果丰硕

课题负责人在硕士、博士和博士后期间一直从事企业国际化方面的研究，课题组成员长期跟踪中国企业国际化问题研究，目前已主持省部级以上相关项目十余项，发表高质量学术论文四十余篇，获得省部级优秀科研成果三等以上奖项五次，有多项研究报告转化为具体政策。在前期研究中与多个政府部门及多个外向型企业建立了长期合作及科研关系，这些都为本课题顺利开展提供了保障。

(三) 梯队合理、力量雄厚

课题基于跨学科特点，组建了跨学科研究团队。主持人和大部分成员具有博士学位，学历背景涉及世界经济学、企业管理学、国际政治学、计量经济学、产业经济学等，主持过国家社会科学基金、教育部基金及省级基金多项，知识结构合理，年龄层次衔接，在以往纵向或横向课题中多次合作，建立了比较稳定的合作关系，能够保证保质保量完成课题研究工作。

9.2.5 "创新之处"论证

"创新之处"包括在学术思想、学术观点、研究方法等方面的特色和创新。创新之处要落实到点上，应该在哪个具体的点上有创新，应该解决哪一点的问题。创新点应为三至四个，不宜过多。

(1) 研究问题上是否有创新：本课题的研究问题是其他人所没有研究过的，是来自于源头上的创新。

(2) 研究思路上是否有创新：针对研究问题，本课题研究的基本思路与原有研究的研究思路有什么不同。

(3) 研究方法上是否有创新：对于在研的问题，当前没有好的研究方法来解决，本课题提出更有针对性的新方法。

(4) 研究成果上是否有创新：对于在研的问题，本课题的研究结论有所突破，将会有新成果、新结论。

创新点表述好坏的检验方程式应该是：

创新点方程式=Special(特色)+Contribution(学术贡献)+Significance(重大意义和社会效益)

案例分析9-15：《"一带一路"沿线国家投资争端解决机制创新研究》创新之处论证

(一) 学术思想特色和创新

具有一定的开拓性。结合"一带一路"沿线国各种复杂的情况，全面剖析当前沿线国关于国际投资争端的监管模式、立法体系，以及沿线国家近年来对此在区域层面形成的内部协调和外部合作机制。在此基础上，开展对沿线国家投资争端解决机制的创新性研究，不仅强调在理论上的合理性，而且强调在实践中的适用性，因此，该课题具有一定的开拓性。

(二) 学术观点特色和创新

具有一定的探索性。突破以往研究的将"一带一路"争端解决机制构建仅以调解与仲裁为核心程序，将国际经济学中的国际贸易摩擦协调机制中的争端多主体协调程序引入"一带一路"国家投资争端解决机制中作为与调解程序、仲裁程序并驾齐驱的程序，这是对国际争端解决机制创新的全新探索。

(三) 研究方法特色和创新

该课题研究现实性、实践性很强，因而在研究方法上注重理论研究和实证研究的结合，文献研究和实地调查研究的结合；通过采用大样本问卷调查方法获得实证数据开展分析，再以典型案例的跟踪观察与比较分析，探索出"一带一路"沿线国国际投资争端解决机制的构建。

案例分析9-16：《"一带一路"沿线中国品牌故事传播策略研究》创新之处论证

(一) 学术思想特色和创新

本研究以问题为导向，兼顾学术性与应用性，既从学术视角对"品牌故事""品牌国际化传播"等相关理论进行梳理，也从应用视角贴近"一带一路"沿线中国自主品牌故事传播实践，服务党和国家战略大局。

(二) 学术观点特色和创新

本研究提出"一带一路"沿线中国品牌传播策略五角模型，在现有研究基础上，形成包括品牌故事的构建策略、运营策略、弘扬策略、保障策略、检验策略等策略的互融联动理论模型。

(三) 研究方法特色和创新

本研究结合多元研究方法，拓宽了研究视野，丰富了"一带一路"沿线中国品牌故事传播策略相关研究。

9.2.6　"预期成果"陈述

1) 成果形式

成果是一项研究工作或事业的收获的具体表现形式,为整个研究的物化形态(包含结果和结论)。它既可以是结题报告、学术论文等理性成果,也可以是指导方案、活动案例、教育实例、经验总结等操作性成果。

2) 成果去向

成果最终被哪些部门应用? 政府、公共机构、企业、研究所、高校?

3) 预期社会效益

成果能为社会带来什么效益?

案例分析9-17:《商业银行金融科技发展对经营风险的影响及对策研究》预期成果陈述

(一) 成果形式

(1) 系列论文,发表学术论文6篇,至少2篇论文发表在国际高水平SSCI期刊上,至少2篇发表在国内高水平CSSCI期刊上。

(2) 研究报告,完成课题总报告《商业银行金融科技发展对经营风险的影响及对策研究》。

(二) 成果使用去向

提交至中国人民银行、中国银行保险监督管理委员会等监管部门; 提交至各大商业银行等实践部门; 供学术研究交流。

(三) 成果预期社会效益

构建并估算商业银行金融科技发展指数,为商业银行金融科技发展的量化提供参考依据; 提出针对商业银行金融科技发展的监管措施,为商业银行金融科技高效稳定发展提供制度保障。

9.2.7　"参考文献"罗列

在罗列参考文献时,顶级专家、代表人物,他们的作品不可不提,既要有论文也要有著作,还应有部分国外代表著作,应避免全是论文,特别是低级别论文罗列。参考文献的格式如下:

中文主要参考文献

(1) 某某《成果名称》(成果形式)(发表刊物或出版社名称)(发表或出版时间)

(2) 某某《成果名称》(成果形式)(发表刊物或出版社名称)(发表或出版时间)

......

外文主要参考文献

(1) 某某《成果名称》(成果形式)(发表刊物或出版社名称)(发表或出版时间)

(2) 某某《成果名称》(成果形式)(发表刊物或出版社名称)(发表或出版时间)

9.2.8　研究基础和条件保障

1) 学术简历

课题负责人的主要学术简历、学术兼职，在相关研究领域的学术积累和贡献等。

2) 研究基础

课题负责人前期相关研究成果、核心观点及社会评价等。

3) 承担项目

负责人承担的各级各类科研项目情况，包括项目名称、资助机构、资助金额、结项情况、研究起止时间等。

4) 与已承担项目或博士论文的关系

凡以各级各类项目或博士学位论文(博士后出站报告)为基础申报的课题，须阐明已承担项目或学位论文(报告)与本课题的联系和区别。

5) 条件保障

完成本课题研究的时间保证、资料设备等科研条件。

本章小结

本章首先介绍了学位论文开题报告撰写的内容和要求，然后又比较了课题论证书与开题报告的联系和区别，最后详述了课题申报书撰写规范要求，重点要掌握课题申报书撰写规范要求。

思考与练习：

1. 课外复习提问

(1) 课题申报书与开题报告的区别?

(2) 社科基金项目申报书中撰写的"选题依据"论证分几段写?

2. 作业布置

根据国社科和省社科指南，拟订一个社科基金的选题，并进行课题申报书的撰写。

第七篇　投稿与发表

　　论文写作的最终目的是发表，这既是学术能力的一种体现，也是学术交流的一种方式。论文是研究者的知识生产物品，最终通过发表的方式来呈现，并经学术同行的评价、参考和引用，形成一整套学术互动体系。

　　论文发表必须符合学术市场的价值规律，即论文必须具有一定的学术价值，还必须遵循论文发表自身的规律，投稿到某个期刊，要了解该期刊的选题要求、发稿方向、学科范畴、用稿风格、篇幅字数、格式体例等。

第 10 章

论文投稿与发表

📖 案例导读

《学术论文写作与发表的几个问题》(部分摘录)

本文发表于《重庆大学学报(社会科学版)》，2018(01)：71-81，作者：张积玉.

文中对论文写成后如何投稿与发表进行了经验分享，从撰稿、投稿与发表，正确认识和处理撰稿、投稿，以及与编辑的关系等方面进行分析，提出了近年来出现的一些引人关注的现象，并给予建议，如表10.1所示。

表10.1 学术论文的投稿与发表

问 题	主 要 观 点	分 析
学术论文投稿与发表应注意的问题	选择适合的期刊投稿	改革开放以来，中国学术期刊事业快速发展。目前，国内公开发行的学术期刊共5000多种，其中仅人文社科类就有3000余种。由于学科专业、出版地域和主办单位等不同，各种学术期刊大都有自己的办刊宗旨和内容特色。作为作者撰稿、投稿，必须对相关期刊的内容特色与风格有清楚了解，尤其是应对每种期刊的优势、特色、栏目、研究重点、组稿计划等十分清楚。总之，作者投稿时应充分考虑到期刊的特点，选择最合适的期刊
	做好与编辑的沟通与交流	作者与编辑打交道，既是一门学问，也是一门艺术，尤其对于学术期刊编辑来说，作者与编辑都同为学者，甚至连专业、学科以及研究方向、研究领域都可能相同，可谓真正的同道、同行。由此，与编辑打交道，一定要平等相待，互相尊重，坦诚相待，绝不能以自己是某一专业方向研究的专家、学者而过于自信甚至居高临下。对编辑部及同行专家的审稿意见应虚心听取，认真对待，对正确意见采纳接受，对不完全正确的意见则将其作为继续研究和修改文章的参考

(续表)

问　　题	主要观点	分　　析
学术论文投稿与发表应注意的问题	关键在精心打磨论文	学术论文是科学研究的一种成果。投向期刊的文稿，必须经过反复推敲修改，保证论文在理论、观点上不出偏颇、错误，资料真实、翔实、可靠，论证上不出现前后混乱或矛盾，以及文字、内容的重复，文字表达上的不准确、不顺畅甚至病句。一篇论文如出现上述任一问题，都会给编辑留下非常不好的印象，以致编辑对作者的学风文风产生怀疑，从而对论文做出较低评价甚至否定之。因此，在投稿前要特别注意花精力仔细检查论文，如认真核对引文，校核注释、参考文献等，尽量避免错误

学习目的：

1. 了解学术期刊的分类；
2. 了解学术期刊的审稿流程；
3. 掌握论文再修改的技巧；
4. 掌握学术期刊的投稿方式。

10.1　学术期刊的分类

10.1.1　我国学术期刊的四种类别

国内学术期刊大致可以分为四类：专业期刊、综合期刊、高校学报、党政报刊。

1) 专业期刊

专业期刊以学科专业作为期刊的选题、选稿标准，通常带有很强的学科性，甚至以学科建设为己任。以社会学为例，社会学包括人口学、民族学等分支学科。

专业刊物尽管数量少，但是受众比较同质化，都是社会学界的业内人士，因此，年轻的作者最好首先尝试投稿到专业期刊。一方面，专业期刊是所在学科学术生态的反映，一般也代表了该学科的最高水平，这些专业期刊一般有比较专业的编辑队伍，其学术选题、对文章的判断等通常比较反映该学科的业内看法，再加上很多专业期刊都有专门的匿名评审人，通过给专业刊物投稿，可以迅速提升作者专业文章的写作能力。另一方面，在专业期刊上发文章，能够让更多的业内人士了解、认识作者，是一个迅速积累专业口碑的好方法。同时，专业刊物的读者也包括其他刊物的编辑，先在专业刊物上发表文章，获得专业口碑，再向其他综合刊物投稿，也会有更强的认受性。

每本专业刊物都有自己独特的专业取向和文章定位，建议作者认真浏览往期文章，最好在平时阅读、写作初期就有意识地阅读这些专业刊物。

　　《审计研究》(如图 10.1 所示)，是由审计署主管、中国审计学会主办、国内外公开发行的权威性审计学术刊物，创刊于 1985 年，主要关注国家审计的理论研究和经验总结，兼顾注册会计师审计和内部审计的理论研究，是广大审计理论工作者和审计实务工作者展示研究成果，了解审计理论、审计方法发展趋向和创新动态，总结审计工作发展规律的权威性平台。

图10.1　《审计研究》

2) 综合期刊

　　综合期刊是一种非常具有中国特色的刊物类型，多数期刊历史悠久，它们是属地治理的产物。综合期刊数量庞大，基本上每个省份至少有两本比较好的综合期刊，而且多半由省社科院与省社科联分别主办。

　　综合期刊，顾名思义，就是整本刊物按照学科分为若干栏目，每个学科相对独立，但又被统筹在整本期刊里。综合期刊编辑多数是专职的，尽管社科院系统的编辑也做研究，但是大多以编辑为主业。一个栏目往往由一到两个责任编辑负责，相对来说，综合期刊编辑的工作量要大很多。

　　以社会学为例，在综合期刊中，社会学只是整本刊物中的一个栏目，有的综合期刊的社会学甚至与政治学、法学、公共管理等专业统筹在一个栏目里，因此，向综合期刊的社会学栏目投稿，只对学科建设有价值的研究问题，很有可能不太容易获得青睐。

　　相比于专业期刊，综合刊物的选题策划是一大亮点，这些选题策划有多重考虑：第一是时政考量；第二是社会热点；第三是学科视角。因此，建议投稿者主动了解这些刊物的选稿方向，以便确定自己的研究是否与之匹配。再有一个小建议，由于综合刊物多数是责任编辑负责制，编辑平时工作量很大，如果经过了解，确定自己的文章与该期刊比较同步，建议邮寄打印版。

　　《学术月刊》(如图 10.2 所示)，创刊于 1957 年 1 月，是一份人文社科类综合性学术期刊，以繁荣发展哲学社会科学为己任，积极贯彻双百方针，倡导理论创新，注重反映国家思想文化建设与现代化建设进程的重大理论成果与学科前沿成果，发稿侧重于文学、历史学、哲学、经济学等基础学科，兼顾政治学、法学、社会学等。

学术月刊
Academic Monthly

核心期刊　CSSCI

基本信息
主办单位：上海市社会科学界联合会
出版周期：月刊
ISSN：0439-8041
CN：31-1096/C
出版地：上海市
语种：中文
开本：大16开
邮发代号：4-72
创刊时间：1957

收起≍

出版信息
专辑名称：社会科学Ⅱ
专题名称：教育综合
总下载数量：10936 篇
总下载次数：3797194 次
总被引次数：71958 次

评价信息
（2019版）复合影响因子：1.280
（2019版）综合影响因子：0.939
该刊被以下数据库收录：
CSSCI 中文社会科学引文索引(2019-2020)来源期刊(含扩展版)
北京大学《中文核心期刊要目总览》来源期刊：
1992年(第一版),1996年(第二版),2000年版,2004年版,2008年版,2011年版,2014年版,2017年版;
期刊荣誉：
第三届(2005)国家期刊提名奖期刊;

图10.2　《学术月刊》

3) 高校学报

高校学报主要由全国各地院校主办，其发展往往与本校学科发展生态有很大关系，多数依托本校的优势学科，其主编和编辑一般也是双肩挑，一边做科研，一边做刊物，多数学报的主编本身就是优秀的学者。

由于高校学报主要依托本校优势学科，一般来说，所刊发的主题一般与该校的研究兴趣接近，而且现在很多高校都采用了匿名审稿制度，审稿人多数是校内学者，因此从某种程度上说，学报基本上也反映了这所高校的研究方向与学术兴趣。建议通过开会等多方途径了解这些学术信息，以便确定自己的文章是否与之相符。

《中国人民大学学报》(如图 10.3 所示)，是中国人民大学主办的人文社会科学综合性理论刊物。1987 年《中国人民大学学报》正式创刊，明确提出了"以马克思主义为指导，从中国的实际出发，借鉴其他国家得失成败的经验教训，研究中国社会主义建设和体制改革中提出的新课题，为中华民族的崛起进行创造性探索"的办刊宗旨。

中国人民大学学报
Journal of Renmin University of China

核心期刊　CSSCI

基本信息
曾用刊名：华北大学学报
主办单位：中国人民大学
出版周期：双月
更多介绍≍

出版信息
专辑名称：社会科学Ⅱ
专题名称：教育综合
出版文献量：4605 篇

评价信息
（2019版）复合影响因子：3.035
（2019版）综合影响因子：1.783
该刊被以下数据库收录：

图10.3　《中国人民大学学报》

4) 党政报刊

党政报刊一般由党校、行政学院主办，因此，它们更多地关注社会科学的应用层面，强调文章的"决策参考"价值。所以，向这些刊物投稿，纯粹理论性的、过于强调学科性的文章不太容易受到青睐，而社会热点、难点问题等社会治理视角的文章更符合它们的选题思路。

相对来说，党政报刊的学术氛围没有那么浓，务"虚"少一些，务"实"多一些，但党政报刊广泛衔接政界、学界、工商企业界，是一个学术成果转化的重要平台。对于那些研究成果相对成熟的文章，建议多投几篇到党政报刊，这有助于扩大作者的学术影响力，不过前提是这些学者已经积累了一定的专业口碑。

《中共中央党校(国家行政学院)学报》(如图 10.4 所示)，创刊于 1997 年，是中央党校主办的人文社会科学类综合性学术双月刊，面向国内外公开发行。本刊以马克思列宁主义、毛泽东思想、中国特色社会主义理论体系为指导，围绕党和国家的工作大局，以对重大理论与现实问题的研究为主题，思想性和学术性并重，着重反映马克思主义中国化的最新理论成果，反映社会科学领域的最新学术成果，反映国内外学术研究动态。

中共中央党校(国家行政学院)学报
Journal of the Party School of the Central Committee of the CPC(Chinese Academy of Governance)

核心期刊　CSSCI

基本信息

曾用刊名: 中共中央党校学报
主办单位: 中共中央党校
出版周期: 双月
ISSN: 1007-5801
CN: 11-3847/C
出版地: 北京市
语种: 中文
开本: 大16开
邮发代号: 82-972
创刊时间: 1997

收起

出版信息

专辑名称: 社会科学I
专题名称: 政治军事法律综合
出版文献量: 4201 篇
总下载次数: 1358460 次
总被引次数: 27553 次

评价信息

(2019版)复合影响因子: 2.765
(2019版)综合影响因子: 1.590
该刊被以下数据库收录:
CSSCI 中文社会科学引文索引(2019-2020)来源期刊(含扩展版)
北京大学《中文核心期刊要目总览》来源期刊:
2000年版,2004年版,2008年版,2011年版,2014年版,2017年版;

图10.4　《中共中央党校(国家行政学院)学报》

10.1.2　核心期刊体系

核心期刊是某学科的主要期刊，一般是指所含专业情报信息量大，质量高，能够代表专业学科发展水平并受到本学科读者重视的专业期刊。

1931 年著名文献学家布拉德福首先揭示了文献集中与分散规律，发现某时期某学科 1/3 的论文刊登在 3.2% 的期刊上；1967 年联合国教科文组织研究了二次文献在期刊上的分布，发现 75% 的文献出现在 10% 的期刊中；1971 年，SCI 的创始人加菲尔德统计了参考文献在期刊上的分布情况，发现 24% 的引文出现在 1.25% 的期刊上，等等，这些研究都表明期刊存在"核心效应"，从而衍生了"核心期刊"的概念。

1) 国内核心期刊体系

目前国内有七大核心期刊(或来源期刊)遴选体系。

(1) 北京大学图书馆"中文核心期刊"(又称北大核心期刊)。其是根据期刊影响因子等诸多因素所划分的期刊，由北京大学图书馆联合众多学术界权威专家鉴定产生，目前得到了学术界的广泛认同。从影响力来讲，其等级属同类划分中较权威的一种。按照惯例，北大核心期刊每三年由北大图书馆评定一次，并出版《北大核心期刊目录要览》一书。北大核心期刊《统计与决策》如图 10.5 所示。

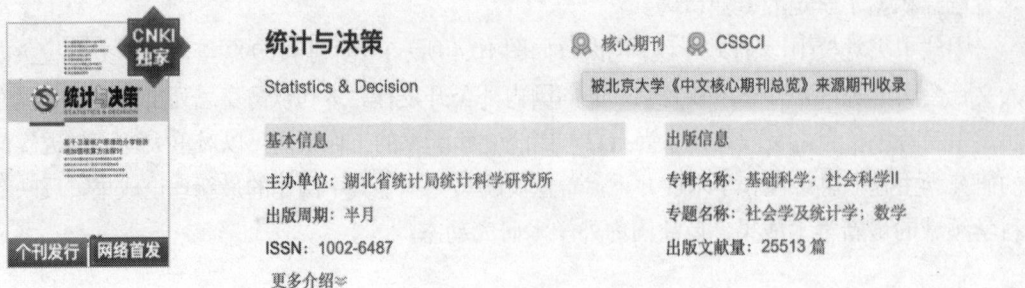

图10.5 北大核心期刊《统计与决策》

(2) 南京大学"中文社会科学引文索引(CSSCI)来源期刊"(又称南大核心期刊)。其是由南京大学中国社会科学研究评价中心组织评定的,每两年一评。通过对全国所有符合两月以下出版及非一刊号多版的人文社会科学各学科学术性期刊进行他引影响因子和总被引频次分析得出结果。他引影响因子指某刊在统计当年被 CSSCI 来源期刊文献引用该刊前两年所登载的文章的篇次(不含该刊自引)与前两年该刊载文量之比;总被引频次指某刊在统计当年被 CSSCI 来源期刊文献所引用该刊创刊以来登载的文章的总篇次。南大核心期刊《高校教育管理》如图 10.6 所示。

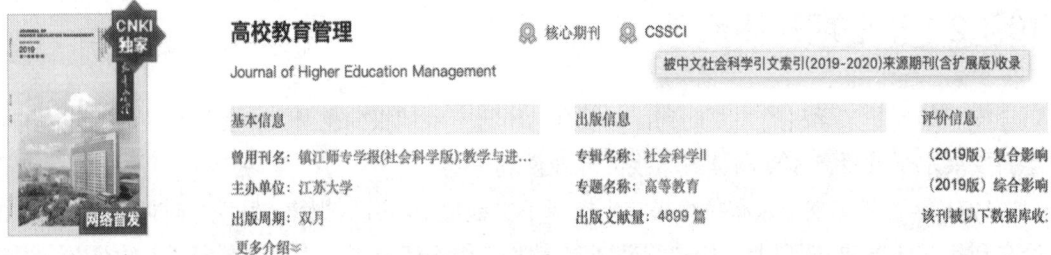

图10.6 南大核心期刊《高校教育管理》

(3) 中国科学院文献情报中心"中国科学引文数据库(CSCD)来源期刊"。CSCD(Chinese Science Citation Database),被誉为中国的 CSI。中国科学引文数据库来源期刊每两年遴选一次。每次遴选均采用定量与定性相结合的方法,定量数据来自于中国科学引文数据库,定性评价则通过聘请国内专家对期刊进行定性评估获得。定量与定性综合评估结果构成了中国科学引文数据库来源期刊。CSCD 期刊《通信学报》如图 10.7 所示。

图10.7　CSCD期刊《通信学报》

(4) 中国科技论文统计源期刊(又称中国科技核心期刊)。其是由中国科学技术信息研究所经过严格的定量和定性分析选取的各个学科的重要科技期刊,学科范畴主要为自然科学领域,是目前国内比较公认的科技统计源期刊目录。受科技部委托,每年进行遴选和调整。

(5) 中国人文社会科学核心期刊。中国社会科学评价研究院于 2018 年 11 月 16 日在"第五届全国人文社科高峰论坛暨期刊评价会"上发布《中国人文社会科学期刊 AMI 综合评价报告(2018 年)》(以下简称《报告》)。《报告》基于学科与期刊特点构建了不同的期刊评价指标体系,对我国 1291 种人文社会科学期刊(2012 年及以前创刊)、164 种新刊(2013—2017 年创刊或更名)及 68 种英文期刊进行了评价。

除上述介绍的期刊外,还有中国人文社会科学学报学会"中国人文社科学报核心期刊",万方数据股份有限公司正在建设中的"中国核心期刊遴选数据库",本书就不一一介绍了。

2) 国外核心期刊体系

SCI(《科学引文索引》)、EI(《工程索引》)、ISTP(《科技会议录索引》)是世界著名的三大科技文献检索系统,是国际公认的进行科学统计与科学评价的主要检索工具,其中以 SCI 最为重要。

(1) 美国《科学引文索引》。美国《科学引文索引》(*Science Citation Index*,SCI)于 1957 年由美国科学信息研究所(Institute for Scientific Information,ISI)在美国费城创办,是由美国科学信息研究所(ISI)于 1961 年创办出版的引文数据库。SCI 创办人为尤金·加菲尔德(Eugene Garfield,1925—2017)。SCI 期刊 *Acta Mathematica Sinica* 如图 10.8 所示。

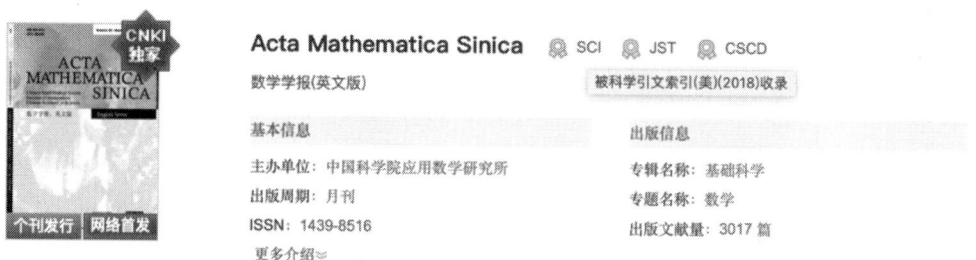

图10.8　SCI期刊*Acta Mathematica Sinica*

(2) 美国《社会科学引文索引》。美国《社会科学引文索引》(*Social Sciences Citation Index*，SSCI)为 SCI 的姊妹篇，亦由美国科学信息研究所创建，是目前世界上可以用来对不同国家和地区的社会科学论文的数量进行统计分析的大型检索工具。*QUARTERLY JOURNAL OF ECONOMICS*(SSCI 期刊)在 Web of Science 中的检索结果如图 10.9 所示。

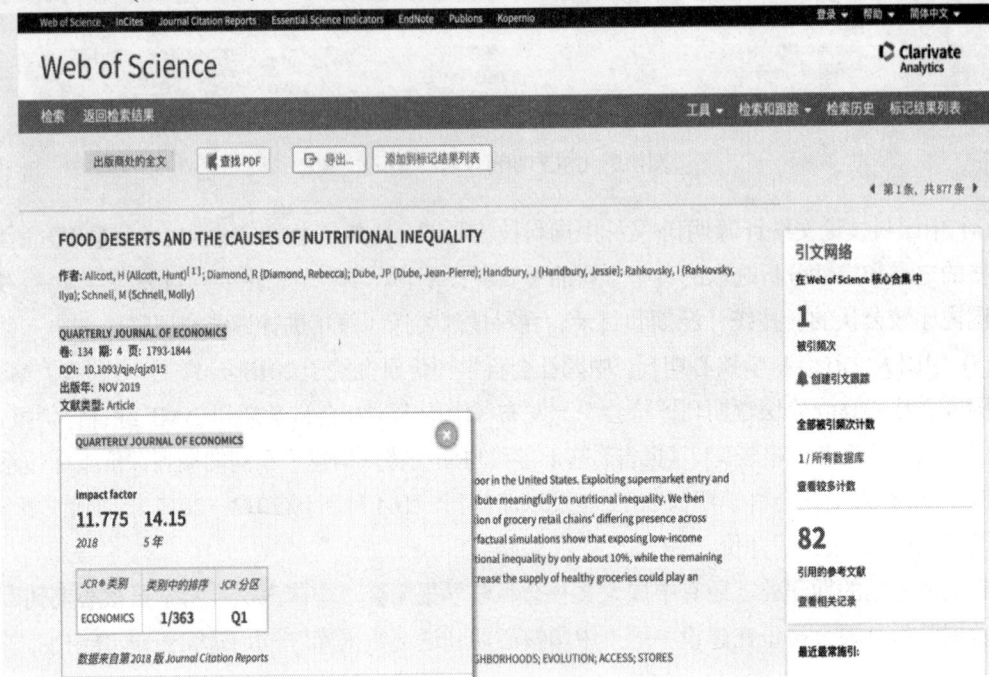

图10.9　*QUARTERLY JOURNAL OF ECONOMICS*

(3) 《工程索引》。美国《工程索引》(*The Engineering Index*，EI)是由美国工程师学会联合会于 1884 年创办的历史上最悠久的一部大型综合性检索工具。EI 在全球的学术界、工程界、信息界中享有盛誉，是科技界共同认可的重要检索工具。EI 期刊《电力系统自动化》如图 10.10 所示。

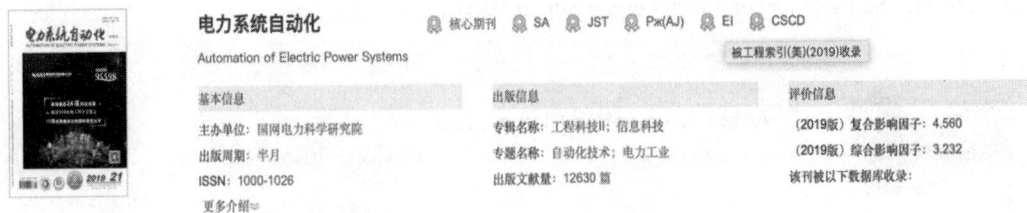

图10.10　EI期刊《电力系统自动化》

(4) 《科技会议录索引》。美国《科技会议录索引》(*Conference Proceedings Citation Index*，CPCI)创刊于 1978 年，由美国科学情报研究所编辑出版。该索引收录生命科学、物理与化学科学、农业、生物和环境科学、工程技术和应用科学等学科的会议文献，包括一般性会议、座谈会、研究会、讨论会、发表会等的会议文献。其中工程技术与应用科学类文献约占 35%，其他涉及学科基本与 SCI 相同。

3) 其他刊物常见收录等级

(1)《日本科学技术振兴机构数据库》。日本科学技术振兴机构(Japan Science and Technology Agency，JST)是日本政府文部科学省科学技术厅下设的一个国家级的科学技术管理组织，同时也是发达国家中具有代表性和最为成功的科技中介服务机构之一。《日本科学技术振兴机构数据库》(JST)的建立就是为了顺应日本的"科学技术创造立国"战略目标总需求。JST 期刊《护理学杂志》如图 10.11 所示。

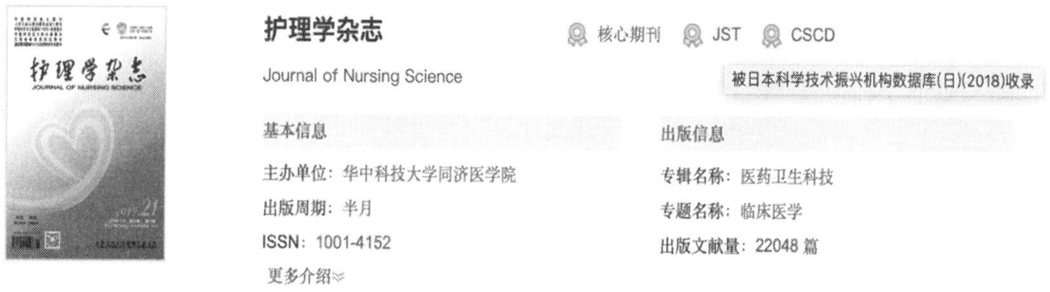

图10.11 JST期刊《护理学杂志》

(2)《化学文摘》。《化学文摘》(*Chemical Abstracts*，CA)是世界上最大的化学文摘数据库，也是目前世界上应用最广泛，最为重要的化学、化工及相关学科的检索工具。其创刊于 1907 年，由美国化学学会化学文摘社(Chemical Abstracts Service，CAS)编辑出版，CA 报道的内容几乎涉及了化学家感兴趣的所有领域，其中除包括无机化学、有机化学、分析化学、物理化学、高分子化学外，还包括冶金学、地球化学、药物学、毒物学、环境化学、生物学以及物理学等诸多学科领域。CA 期刊《金属热处理》如图 10.12 所示。

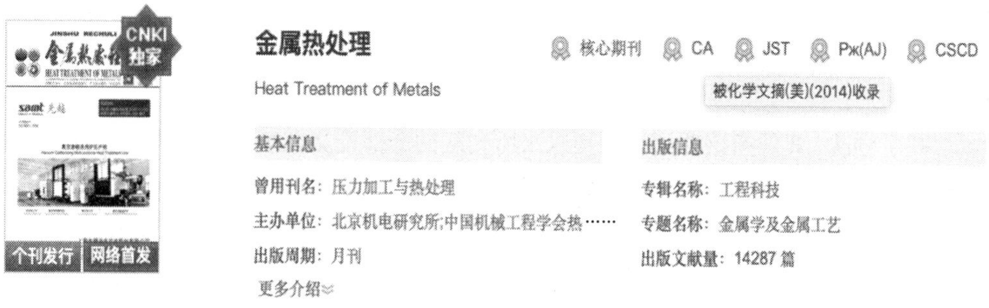

图10.12 CA期刊《金属热处理》

(3) 《文摘杂志》。俄罗斯《文摘杂志》(*Journal Abstracts*，AJ)(俄文为 РеферативⁿьюйЖурнал，РЖ)是供查阅自然科学、技术科学和工业经济等方面文献资料的综合性信息检索刊物。其于 1953 年创刊，由苏联全苏科学技术信息研究所(现名全俄科学技术情报研究所)编辑出版，是世界三大综合性文摘杂志之一。AJ 期刊《锻压技术》如图 10.13 所示。

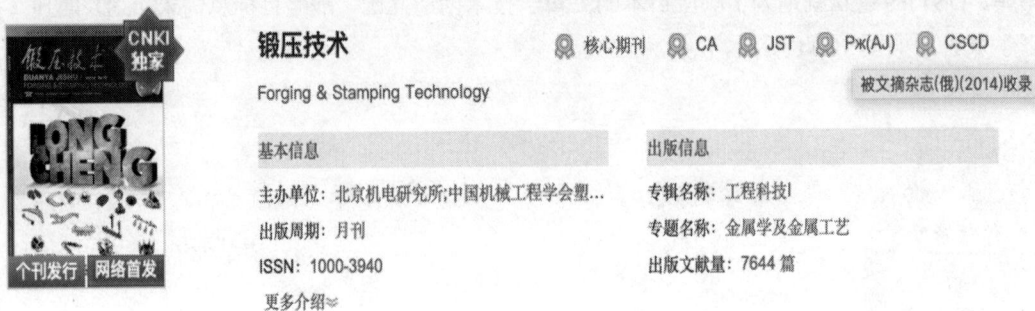

图10.13 AJ期刊《锻压技术》

10.1.3 学术期刊的评价

1) 学术期刊的评价标准

除了查看学术期刊被哪一级别核心期刊收录外，还可以通过总被引频次、影响因子、即年指标、他引率、机构分布数、基金论文比、平均引文数、地区分布数、自引率等参数进行期刊评价，选择优质期刊进行投稿。管理类高品质期刊《管理世界》如图 10.14 所示。

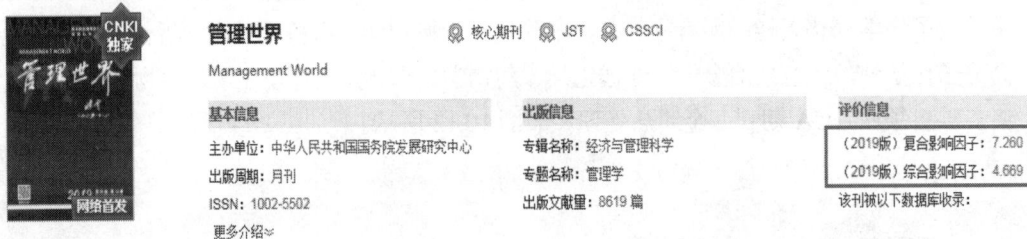

图10.14 《管理世界》

(1) 总被引频次。其是指该期刊自创刊以来所刊载的全部论文在统计当年被引用的总次数。这是一个客观实际的评价指标，可显示该期刊被使用和受重视的程度，以及在科学交流中的作用和地位。

(2) 影响因子。这是国际通行的期刊评价指标。由于它是一个相对统计量，所以可公平地评价各类期刊。通常，期刊影响因子越大，其学术影响力和作用也越大。具体算法：影响因子 = 该期刊前两年发表论文在统计当年被引用总次数/该刊前两年发表论文总数。意义：该指标是相对统计值，可克服大小期刊由于发文量不同所带来的偏差。一般说来，影响因子越大，其影响力和学术作用也越大。

(3) 即年指标。这是一个表示期刊即时反应速率的指标，主要描述期刊当年发表的论文在当年被引用的情况。具体算法：即年指标 = 该期刊当年发表论文的被引用次数/该期刊当年发表论文总数。意义：这是一个表征期刊即时反应速率的指标，主要描述期刊当年发表的论文在当年被引用的情况。

(4) 他引率。在该期刊被引用的总次数中，被其他期刊引用次数所占的比例。具体算法：被其他期刊引用的次数/期刊被引用的总次数。

(5) 机构分布数。其是指来源期刊论文的作者所涉及的机构数。这是衡量期刊科学生产能力的指标。

(6) 基金论文比。其是指来源期刊中，各类基金资助论文占全部论文的比例。这是评价期刊论文学术质量的重要指标，即吸收前沿科学和高质量论文的能力。

(7) 平均引文数。其是指来源期刊每一篇论文平均被引用的文献数。

(8) 地区分布数。其是指来源期刊登载论文所涉及的地区数。这是评价期刊论文覆盖面及在全国影响力的指标。

(9) 自引率。其是指本刊全部被引次数中，被本刊自引用次数所占的比例。他引率加自引率等于100%，具体算法：自引率=自引用的次数/期刊被引用的总次数。

2) 文章含金量

评价文章的含金量有两个主要指标：引用率和转载率。

(1) 引用率是指所刊发文章被引用的数量和比率，而转载率则是指所刊发文章被《新华文摘》《中国社会科学文摘》《高等学校文科学术文摘》等转载的数量和比率，如图 10.15 为知网检索结果中呈现的"被引"和"下载"数据。

题名	作者	来源	发表时间	数据库	被引	下载	阅读	收藏
基于项目评分预测的协同过滤推荐算法	邓爱林;朱扬勇;施伯乐	软件学报	2003-09-23	期刊	1491	6572	HTML	☆
基于以电商平台为核心的互联网金融研究	黄海龙	上海金融	2013-08-15	期刊	670	38359	HTML	☆
电子商务时代的供应链管理	蓝伯雄;郑晓娜;徐心	中国管理科学	2000-09-30	期刊	649	6541	HTML	☆
国有商业银行如何应对互联网金融模式带来的挑战	梁璋;沈凡	新金融	2013-07-15	期刊	594	24746	HTML	☆
国际贸易新方式:跨境电子商务的最新研究	鄂立彬;黄永稳	东北财经大学学报	2014-03-15	期刊	576	21301	HTML	☆
电子商务环境下的消费者行为研究	黎志成;刘枚莲	中国管理科学	2002-12-30	期刊	550	12157	HTML	☆
"互联网+"行动计划的实施背景、内涵及主要内容	宁家骏	电子政务	2015-06-20	期刊	546	18132	HTML	☆
协同过滤推荐算法综述	马宏伟;张光卫;李鹏	小型微型计算机系统	2009-07-15	期刊	543	7705	HTML	☆
O2O商业模式及发展前景研究	卢益清;李忱	企业经济	2013-11-25	期刊	533	28021	HTML	☆
基于项目聚类的协同过滤推荐算法	邓爱林;左子叶;朱扬勇	小型微型计算机系统	2004-09-21	期刊	459	2441	HTML	☆

图10.15　知网检索结果中文章的被引和下载数据

相对来说，引用率是一个比较与国际接轨的指标，而且引用的确也是一个比较公认的有效评价指标，它比下载、阅读和复制更有甄别效力，引用率是一个更被人接受的指标。

(2) 转载率在中国的科研体系下更被看重，其中一个重要的原因是，它比引用率更加容易"计工分"，转载就像首次刊发一样，也是按照年度出版，每年"中国人民大学复印报刊资料"等也会对全部的文章转载率进行综合排名。因此，更容易在年度内甄别，在目前强调绩效考核的学术体系下，转载率更加有时间效度。

10.2 学术期刊的投稿方式

学术期刊的发表不仅依靠好的写作，同样需要作者认真钻研投稿本身的过程与门道。投稿是一门技术活，熟练者事半功倍，生疏者事倍功半，不能马虎，必须谨慎对待，并且有意训练、提高才能发表论文，让更多的人了解作者的研究成果。

10.2.1 学术期刊投稿经验

很多作者认为，文章写得好，就能发表得好。这种观点不免有些片面。文章能够发表的基础固然是文章本身写得好，但是易发表不仅依靠好的写作，同样需要作者认真钻研投稿本身的过程与门道。有些学者研究做得很好，可是由于投稿不得要领，才能不免有些埋没；还有一些不明就里的作者被网上鱼龙混杂的投稿方式蒙蔽，上当受骗。所以，投稿一事不能马虎，必须谨慎对待，并且有意训练、提高，如此方不误学问大事。

1) 有的放矢

学术期刊相当于学术市场，作者相当于卖家，读者相当于买家。因此，如何让自己的学问更加符合读者和学术市场，是一个非常值得思考的问题。所谓投稿，实际上不过是顺利实现学术发表，将自己的学术产品顺利投放到学术市场中。很多学者不愿意将文章视为产品，觉得学术是神圣的，但是说到底，学问必须有其市场，有人的地方就有市场，不管这种市场以何种形式存在。

首先，投稿者要明白自己的发表目的。发表目的有两个：为了传播学术观点；为了发表本身，比如发表以求学位毕业、职称晋升。前者是目的性的，后者则是工具性的。从前一个目的来看，文章最好发表在人气较旺、知名度较高的期刊上，以便学术观点可以被更为广泛地传播；而从后面的目的看，文章最好发表在学术刊物中排名较为靠前的期刊上，比如很多高校所划定的顶级刊物上。当然，这两者可以在某种程度上有所重合，但也有不重合之处，作者在投稿前必须明确自己的发表诉求，然后以此确立一个发表的目标刊物。

其次，投稿者在经过甄别、确立了目标刊物之后，最好对这些刊物有一个深入的了解。投稿者最好深入阅读这些刊物，知晓它们的"套路"——选题的方向和角度、研究方法和文章性质、文章的写法等，如此一来，投稿者才能有的放矢。

2) 定制式写作

每一个期刊都有其独特的发稿倾向和文章风格，这是由它长期的出版生态造成的，并不是某个编辑或作者决定的，所以，向其投稿，最好能够事先综合考虑期刊的选题、风格、取向、篇幅甚至体例等，让所写文章符合这些期刊的选题与风格等，甚至是在写作的时候便有意识地向这些期刊靠拢，量体裁衣，定制式地写作。

定制式写作就是将投稿融合到写作之中，一般来说，向什么刊物投稿，在论文写作之前就已经明确，在写作的过程中就可以向这个刊物靠拢，甚至是在选题时就加以考虑。文章选题最好与所投刊物的办刊宗旨、选题风格和定位一致，比如，给《国家行政学院学报》投稿前，最好认真看一下该期刊以前的文章，自觉反思文章整体是否与其相符。

要系统阅读并跟踪这些期刊，了解这些刊物的投稿要求、刊物风格、刊物的选题要求及宗旨、内容范围、主要的发稿方向、出版周期、选稿周期、读者对象、发稿的篇幅等，由此决定自己论文撰写的格式、内容和篇幅。

3) 投稿前的自查

在投稿前，要进行自查，以便预先将问题消灭掉，避免投稿受阻。具体的自查包括以下几个方面。

(1) 选题是否具有创新性，是否处于学术前沿，能否反映学术研究的现状、新动向和新趋势。

(2) 研究观点是否扎实、可靠，研究结论是否有实质性的推动力。

(3) 是否已经表述清楚，自己能否用简单几句话概括出论文的主要观点和创新之处。这样就可以检验自己的观点是否表达清楚了，是否鲜明、突出，是否有新意，是否站得住脚。

(4) 论文的材料、数据和图表是否准确、简明和完备，语言是否规范，条理是否清楚，有无错别字、表达不到位的地方。

(5) 注释和参考文献格式是否规范。注释和参考文献的著录格式是否规范反映了作者治学的态度是否严谨，文献的数量反映了作者的阅读量，参考文献的质量反映了作者的科研水平和能力。注意索引文献的权威性和期刊档次，多引用专业刊物的文章、高级别刊物的文章，尽量引用专著和研究性文章，少引用教科书，否则说明作者的阅读量和知识面都比较有限。

(6) 作者信息是否完备，是否提供了电话、邮箱、作者单位和职称等必要信息。要把联系方式写上去，有的作者在投稿时不写联系方式，这样，编辑难以直接联系上。准确来说，投稿要注明作者信息，如姓名、性别、电话、通信地址、邮箱、工作单位、职称、研究单位。

(7) 有无涉嫌剽窃。文章剽窃是期刊的底线，一旦出现剽窃问题，不仅会使作者声誉受损，而且也会让期刊声誉遭受打击。不管是有意的抄袭，还是无意的重复，作者一定要注意这个问题，否则，一旦被认定为剽窃，将会进入期刊的"黑名单"，影响今后的学术发表。值得注意的是，不仅不能剽窃他人的文章，也不能自我剽窃，也就是同样的文章重复发表。

4) 推介自己的文章

投稿就像推销，投稿者必须学会推销自己的文章。要想方设法向学术期刊正确地释放信号，以便期刊及其编辑更好地从众多的投稿中发现、识别乃至录用自己的文章。

其实，向编辑推介自己的文章，不仅是推销自己，也是方便编辑，便于编辑向主编及其他编辑部同事推介你的文章，因此，推介文章是一件很重要的事情。一般推介自己的文章既可以打电话，也可以在投稿邮件中说明，相对来说，在投稿邮件中说明比较常见。

首先，要向编辑证明自己的研究选题是有价值的、值得推介的。作者要说明：通过研究，希望达到一个什么研究目标，从什么角度进行切入，相关研究做到什么程度了，这篇文章做到什么程度了。作者要告知编辑为何你的研究选题是重要的。

其次，作者要能够尽可能简洁地陈述自己的研究贡献。实际上，越是能够用简洁的文字说明自己的研究，就越是证明文章做到位了。很多作者打电话给编辑，但是效果不是很明显。当编辑问他的研究贡献时，他答不上来，或者说得不够明晰，这说明文章还没有写到位，还得继续加油。其实，编辑的问题很简单：投稿文章那么多，为什么要发表你的文章？编辑被作者说服之后，然后才会向主编推介。如果编辑自己都没有被说服，他又怎么可能说服主编以及其他编辑部同事呢？

再次，最好把摘要和关键词等关键性的信息都做得完整。编辑在看到一篇文章的时候，首先看到的是文章的标题，其次就是文章的摘要。在文章的编排上，应尽可能地给人一种这是完成稿而不是初稿的感觉。参考文献最好按照所投刊物的格式重新编辑一次。

最后，编辑部还关心：作者的履历、学科和研究的范围，作者主持了什么项目，近些年都关心哪些学术问题。如果作者已经有了比较好、比较多的学术发表经历，相信一定可以增强编辑的信心。

推介的关键是真实地显示自己的研究水平，便于审稿者了解作者及其文章。注意不要过分夸大自己，也不必过于自谦，而是要恰如其分地呈现自己的实力和研究结果。

5) 七条建议

(1) 正视投稿。对于年轻作者来说，投稿、改稿也是一个提高自身学术表达水平的过程。因此，不要把投稿视为研究的剩余物，而要把投稿视为学术的一个重要组成部分，认真研究如何投稿。

(2) 熟悉期刊。很多作者不了解学术出版的一般特征和刊发流程，因此往往在学术晋升生涯中因小失大。建议作者平时多了解出版周期、刊发流程等。这样一来，一旦有了急需，才不会手忙脚乱，而且也不会引起不必要的误会，同时也可以避免上当受骗。

(3) 固定阅读。每一类刊物、每一本刊物，都有自己的历史、风格，通过固定阅读，你可以知晓这些刊物的学术取向和选稿要求，做到知彼知己、心中有数。有了必要的阅读积累，再与期刊编辑沟通，也会更加顺畅。

(4) 订阅纸版。尽管现在数字出版已经很发达，但是仍然建议作者去图书馆认真读一读纸质版期刊，有条件的，最好可以订阅一些自己中意的期刊。发表的每一篇文章都凝结了作者和编辑的心血，纸质版能让你更好地感觉到字里行间的学术诚意。

(5) 不要海投。很多期刊都严禁一稿多投，而且"无的放矢"的海投也绝非良策。最好平时就有意识地阅读一些学术刊物，从研究阶段就熟悉、了解这些刊物，最后成文、投稿就会更加自然、顺畅。对于有些综合刊物，建议投递打印稿。

(6) 经常开会。很多时候，学术期刊约稿不是"看人"，而是"看文"，学刊编辑经常旁听会议，如果你的文章很棒，又恰好符合在场期刊的选题需求的话，他们会主动来找你约稿的。

(7) 多方核实。现在很多刊物都有经费支持，甚至有些还有国家社科基金资助，一般来说，多数刊物不收版面费。网络上的投稿一定要辨明真假。一般来说，那些带有不规律的数字的邮箱、域名多半是假的。如果你觉得不放心，最好从其主办单位的网页进入学术期刊的官网，或者打电话到编辑部询问。总之，一定要多方核实，不要轻易上当。

10.2.2　如何正确识别刊物

很多期刊的编辑部经常接到作者遭到诈骗的投诉电话，那是因为很多作者不明真相，将冒充的期刊误认为正牌的期刊，还支付了版面费。这种情况很多，实际上，如果熟悉期刊知识的话，这种情况是可以避免的。

1) 通过中国知网查询

在进行刊物查询时最好不要用百度查。在知网上查询比较精准，可以通过知网检索相关刊物的原版目录页，一般在目录页都会有刊物编辑部、官方网站等相关信息。《中国社会科学》的知网检索页面如图 10.16 所示，其原版目录页(部分)如图 10.17 所示。

图10.16　CSSCI期刊《中国社会科学》

主　　管：中国社会科学院
主　　办：中国社会科学院
　　　　　（北京建国门内大街 5 号）
编　　辑：《中国社会科学》编辑部
出　　版：中国社会科学杂志社
　　　　　（北京市朝阳区光华路 15 号院 1 号楼 11—12 层，邮编　100026 ）
编 辑 部：010-85886569
网上投稿：http://www.cssn.cn/
订阅电话：010-85885198
电子邮箱：skbfxb@126.com
数字订阅平台：http://szyd.cssn.cn/
网上订阅：中国社会科学网　http://www.cssn.cn/
　　　　　中国社会科学杂志社官网　http://www.sscp.cssn.cn/
印　　刷：北京科信印刷有限公司
订 阅 处：全国各地邮局
国外发行：中国国际图书贸易总公司
　　　　　（北京　399 信箱　邮编　100044 ）

如发现印装质量问题，请与印刷厂联系调换。电话：010-62903036

图10.17　CSSCI期刊《中国社会科学》原版目录页(部分)

2) 通过刊物主管单位查询

每个刊物都有主管单位，比如《社会学研究》是中国社会科学院社会学研究所主管的，《中山大学学报》是由中山大学主管的，所以，如果想查询真实的投稿地址、联系电话和官方网站，可先进入其上级主管单位的网站，比如先进入高校网站，高校网站一般很难假冒，然后再从高校网站的子菜单中进入相应的学报编辑部，有些编辑部可能信息不完善，但是联系电话一般都有，这个电话多半是真实的，如果真需要发表文章的话，可以直接通过电话确认。

3) 通过出版刊号查询

每个刊物都有一个正式的出版刊号，一些以书代刊的杂志除外。那么，这些刊物的版权信息是可以在中国知网等网站上查询到的，而一些假冒的、没有正式出版刊号的刊物是没有办法查询到的。当然，也有些刊物有特殊情况。

最后，一般来说，与作者联系的通常是期刊的责任编辑，他们主要是与作者就文章本身进行沟通，其沟通目的非常明确，比如文章修改、文章校对等具体事务，而不会只谈是否发表等非常简短的信息。

10.3　学术期刊的编发流程及审稿

10.3.1　学术期刊的编发流程

学术期刊的常见编发流程包括分稿、初审、责任编辑审稿、匿名外审、发稿会、主编审定、编校七个流程，常见学术期刊的编发流程如图 10.18 所示。

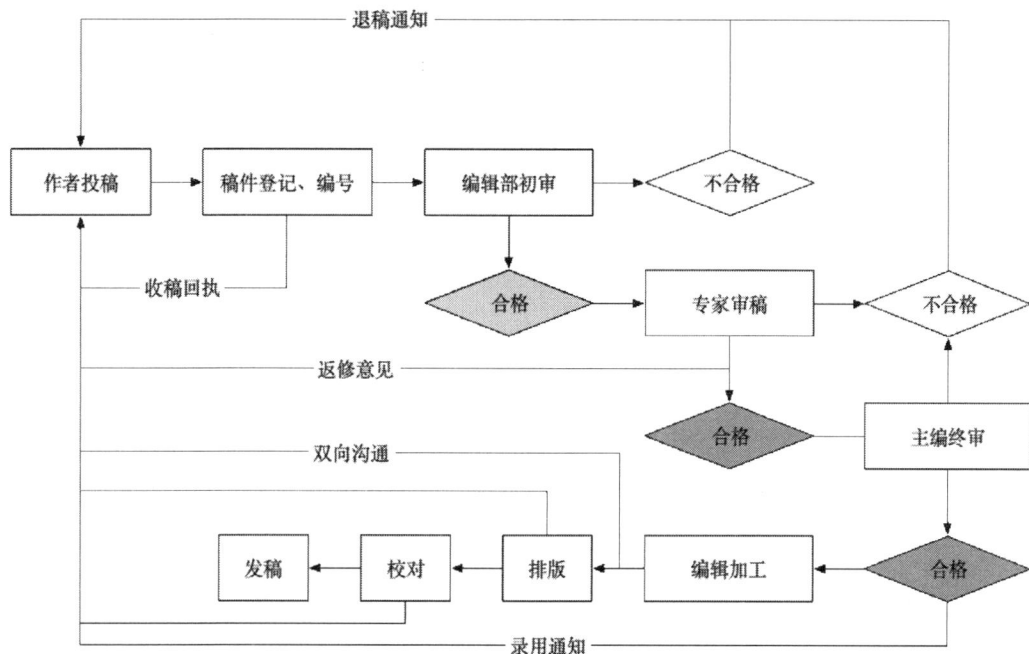

图10.18　学术期刊的编发流程

1) 分稿流程

编辑部往往都设有投稿邮箱，或者接受纸质版投稿，因此，每个编辑部都有一个负责收发的编务人员，他负责将文章分门别类，有些编辑部的收发人员只负责将文章分门别类，然后转交给相应的责任编辑，而有些编辑部的收发人员则同时负责初步甄别的工作，会将完全不符合发稿要求的文章直接过滤掉。

以《学术研究》为例，《学术研究》由哲学、政法社会学、经济学、历史学、文学这五个栏目组成，编务人员会将来稿的题目和单位等信息登记在册，然后，按照学科分类将这些文章转交给相应的责任编辑。需要注意的是，编务并不是来稿即分的，而是将前面一个月累积的稿件一次性转给编辑，所以，这里会有一个月的分稿周期。也就是说，从你投出纸质稿件的那一天起，也许一个月之后，编辑才开始阅读你的文章。

当然，这主要是针对纸质版的来稿，对于用电子邮箱投递的稿件，由于每一个栏目都有一个专门的投稿邮箱，因此，电子稿件的分类工作就可以直接跳过去了。现在，很多期刊开始采用网上投稿系统，这简化了分稿流程，文章会直接投给相应的编辑，像《社会学研究》这样的专业期刊，甚至按照社会学分支，分别有不同的责任编辑负责。

2) 初审流程

由于编辑部的人手有限，而且审稿流程往往耗费大量人力、物力(外审需要审稿费等)，所以，很多期刊都有一个初审流程，初审的目的在于把那些基本没有发稿可能的文章过滤掉，然后让那些优质文章进入精审环节。因此，初审也可以被称为粗审。初审一般根据文章的大致方向、专业和风格等，与期刊自身的定位相比较，然后确认文章是否符合，符合的留下来，不符合的直接退回。

很多期刊的初审是与分稿同时进行的，由相应的编辑直接负责；也有期刊是分开来的，有专门的初审编辑。初审的周期视每个期刊而定，由于如今期刊发表供不应求，实际上造成了投稿文章大量积压，编辑们往往不能及时处理投稿，所以，也在不同程度上存在不能及时初审并答复作者的情况。因此，建议作者在投稿一段时间后打电话向编辑部询问文章进度，看有没有通过初审，通过了则继续等待，如果没有通过，则可另做打算。

3) 责任编辑审稿

熟悉期刊发表的作者都知道，每一篇文章的最后都有一个署名的责任编辑，责任编辑对文章的编辑、校对和刊发都负有直接的责任，所以称之为"责任编辑"。

一个编辑部最重要的成员便是责任编辑，因为他们是编辑部的核心生产力。经过初审后的文章则主要由责任编辑负责审阅、处理。通常来说，责任编辑多数是常任的，熟悉期刊的风格、选题和规格等，需要对整本期刊负责，他们也往往有需要固定刊发的版面和文章数，需要承担期刊的考核任务(比如所编文章的转载率、引用率等)。

责任编辑的工作就像是守门人，他们是通向发表流程的第一个重要关卡，而说服责任编辑，最核心的要件就是文章质量。基本上，责任编辑通过了，后面也就有很大希望了。责任编辑通过，也就是文章符合期刊的要求；一旦符合要求，责任编辑也就有动力和意愿去推动文章进入后续编发流程。

4) 匿名外审流程

"闻道有先后，术业有专攻"。责任编辑的知识面毕竟有限，采用匿名外审制度可以显著提升审稿质量。可以这么说，那些严格采用匿名外审制度的期刊一般都是较为优秀的期刊。

现在，越来越多的期刊开始采用双向匿名外审制度，在责任编辑吃不准文章内容、对文章的总体质量判断不够准确的情况下，尤其需要相应的外审专家对这篇文章进行评审。现在大多数专业期刊都采用了双向匿名外审制度。全国哲学社会科学规划办公室在资助期刊时，明确鼓励甚至要求所资助期刊陆续采用匿名外审制度。

匿名评审一般来自期刊的作者队伍，往往是比较优秀的作者。有时候期刊缺乏相应学科的作者，也会在作者队伍之外特约一些评审专家。由于他们在相应的领域都有比较深厚的学术积累，所以，只要他们本着对期刊负责的态度，都能提出优秀且专业的审稿意见。对于这些意见，责任编辑未必完全采纳，但是其有助于编辑部客观评价相应的文章。匿名评审一般会给出相应的评审意见，编辑部会根据评审意见决定是否录用。如果录用，会让作者根据评审意见修改文章，这些专业的评审意见也极大地有助于作者修改文章，提升文章总体质量，避免犯低级错误。

5) 发稿会流程

在责任编辑通过和匿名评审之后，最重要的编发流程是发稿会。在发稿会上，责任编辑、分管的副主编和主编都会出席，他们在认真阅读文章内容和评审意见之后，会深入、细致地探讨这篇文章到底是否适宜刊发，一般来说，通过发稿会的文章，多半就会顺利发表出来。

在发稿会上，责任编辑陈述他想刊发的文章。陈述的方面主要包括：文章的选题、文章的创新与贡献、文章的作者与研究履历、作者的单位和职称信息、文章的其他信息等。发稿会相当于项目论证会，其核心是责任编辑说服编辑部其他同事自己所提议的文章是值得刊发的。

发稿会的存在实际上是编辑部交流编辑意见、分析讨论文章的机会，是编辑部最重要的会议。责任编辑通常会根据期刊和文章进行通盘考虑，通常来说，只有到了这个环节，责任编辑才敢告诉作者文章有希望被录用了。未经过发稿会检验的文章，往往还存在变动的可能。

需要指出的是，发稿会往往会提前至少两个月，因为还要预留出编辑、校对的时间。比如《学术研究》是月刊，2020 年第 1 期的文章在 2019 年 11 月就已经开了发稿会了。

6）主编审定流程

在发稿会之后，通常还会有主编审定流程。广义上的主编审定通常也包括分管的副主编审定。不同的编辑部，其审稿流程大不相同，有些副主编审定会在发稿会之前，有些则在发稿会之后，有些文章在经过发稿会之后，仍然有可能在主编审定过程中被抽留下来。这是因为，有些期刊的发稿会讨论往往还不够充分，或者主编、副主编并没有充分阅读全文，而只是简单听责任编辑现场陈述，等全文提交之后，主编、副主编还会有一些权衡、调整。

在主编审定环节中，那些优秀的好文章一般不会有问题，而那些在发稿会讨论中存疑的、质量不是那么过硬的文章，往往会面临再一次筛选。还有一些期刊，它们要求责任编辑在发稿会上提交多于正式刊发的文章数，然后再由主编或副主编在发稿会之后进行差额甄选。

总之，主编审定环节是编辑部最后一个编发流程，文章在通过这个环节之后，就完全进入编校流程，如果没有其他意外情况发生的话，文章一般会如期见刊。

7）编校流程

编校流程是文章正式刊发前的最后一个环节，是文章质量的重要保障之一。通常来说，编校流程由责任编辑主导，一般要经过责任编辑的三次编辑和校对。校对工作一般有专人负责，有些编辑部缺乏人手，则互相校对，以便降低错漏的概率。在责任编辑的三次编校之后，主编或总编会进行最后审读，也就是所谓的"三校一读"，最后由主编签字后，文章即可正式出版。

编校流程主要是对文章进行微调，提升文章的整体质量，将文章的观点表述到位，修正错别字、错漏字，规范文章的格式和参考文献等，编校流程虽然做的都是细节性工作，但是同样非常重要，严格认真的编校工作是期刊工作水准的重要保证。作者也应该全力配合编辑部的编辑流程，以免发生错漏。

10.3.2　学术期刊的审稿标准

每个期刊不管其专业、定位、风格有何不同，说到底都有一个相对确定的发表门槛，过了这个门槛的文章，流程走起来就特别快；反之，则磕磕绊绊，甚至会让编辑和作者苦不堪言。而编辑的首要工作就是判断：文章到底有没有过这个门槛。资深的编辑基本上看看标题、摘要就能够判断出这篇文章到底做到了什么程度，并且进一步判断这篇文章如果能发的话，属于什么层次、需要作者如何修改，以及编辑该做何处理。

大多数作者没做过编辑，不了解编辑的角色、视角和处境，很多人以为编辑只是收收稿子、编编稿子、校校稿子，其实不然。编辑的左边是作者，右边是读者，上边还有主编，大家都有很高的专业鉴赏力，不是三言两语就能随便应付的，所以，好编辑得"以理服人"——为什么这篇文章值得或不值得发。学术发表的过程实际上有一个"说服链"：一篇文章好不好，不能只有你一个人说好，你得说服编辑它为什么值得推介，然后编辑再说服主编为什么这篇文章值得发稿，主编再说服读者为什么这篇文章值得我们刊物推荐给你。

学术发表与期刊文章是一般与具体的关系，学术发表具体落实到某一个期刊、某一篇文章时，各有不同的生态与情势，这需要具体而论。

1) 选题倾向

每一个期刊都有一个稳定的学科属性、选题范围和发稿方向作为其立刊的基础，越是好的刊物，实际上它越是会有专业化的发稿倾向。比如，《学术研究》等综合期刊一般都有固定的学科分类——哲学、政法社会学、经济管理学、历史学、文学，在这些门类之外的其他文章也偶有涉及，但是发稿主要是以这些学科为主，并且形成了基于相关学科、高校科研院所、作者队伍的固定发表生态。

每一个期刊实际上都选取了固定的选题角度作为立刊基础，这样做一方面是为了更便于工作，形成专业化的发展方向，什么选题都发、毫无章法可言的期刊断然难以成为高端出版平台；而另一方面，固定的发稿方向也便于读者、转载机构识别，这一点相当重要，只有形成了固定的发稿方向，才能形成固定的读者，让学术市场予以明确辨识。

因此，读者在投稿之前，最好对期刊的选题方向有明确的了解，然后判断自己所投文章是否符合对方的选题方向。比如，《学术研究》有时会收到专业的艺术学方面的文章，但是由于没有设立这一栏目，即使文章很优秀，也不能顺利发表，因为《学术研究》不可能因为这一篇文章而设立一个栏目。在学科分类之外，每个期刊也有固定的文章要求，如研究范式、研究方法等，如很多综合期刊不太愿意发表定量研究的文章。这些选题倾向，有些反映在期刊的征稿启事中，有些反映在期刊的历史发表文章中，每一个期刊都有所不同。

2) 学术贡献

对于每一个期刊来说，作者向编辑部投稿，责任编辑向编辑部同事、领导推介，期刊向读者推广，其背后必然有一个基础：这篇文章具有一定的学理价值，值得期刊花费学术资源予以反映和支持。具体来说，判断一篇文章是否值得刊发，最重要的标准就是它是否具有一个扎实、可靠和创新的学术观点，这个学术观点对于目前的学术界是否有推介的意义。

作者在投稿时，不仅要想着自己如何说服责任编辑这篇文章是有价值的，而且还要想着如何让责任编辑说服主编及其他编辑部同事这篇文章是有价值的，因而是值得刊发的。事实上，在编辑部的发稿会上，责任编辑也不过是将这些研究贡献再次陈述给编辑部同事而已。因此，作者在投稿时，不妨也简单陈述自己的学术贡献，以供编辑参考。

3) 行文表述

对于一篇文章而言，光有学术贡献还不够，还必须是一篇表述到位、行文规范的文章，具体而言，即判断这篇文章是否论据充分、论证合理、行文顺畅、文辞准确。

从编辑部的角度来看，学术期刊需要的是一篇成熟的文章，而不仅仅是一个初稿或半成品。

对于学术文章来说，作者行文表述必须有一个修辞的自觉。也就是说，作者必须将论证合理、论据充分和表述到位的文章呈现给期刊，因为期刊需要的是一个能够直接转呈给读者直接阅读的文章。

一篇文章，行文表述要中庸，要忠实、客观地阐释自己的研究发现。也就是说，行文要实事求是，一分事实，讲一分话，要忠于自己的研究、思想。既不要夸大自己的研究，高估自己文章的研究价值，把自己的研究捧上天，而把别人的研究说得一文不值，也不要过分谦虚，刻意低估自己的研究和文章。

同时，锤炼、推敲文字是学术的基本功，务必把文章写到位。也就是说，作者必须胸有成竹，心里知道行文的目标：为什么要写它？写到什么程度？在这个过程中，推敲功夫是高度理性的工作，是反复审慎斟酌的结果。当你试图表述自己的论点时，你必须明白一点：你应该对自己的研究结论有一个初步的概括，虽然你的研究结论是初步的、尝试性的，但是你要明确，你应该与读者分享什么问题，你应该如何列出你自己的研究问题、如何提出论据来论证你的结论。

10.4　学术期刊的投稿再修改

论文的修改是一项贯穿学术发表整个过程的工作，只要没有发表，文章就仍然是未完成的作品。文章的修改分为两个阶段：一个是作者在未投稿前的内向修改，另一个则是作者在投稿之后的外向修改。内向修改主要是基于作者自己对文章的斟酌和考量，而外向修改则主要是针对编辑部、匿名评审专家、同行的意见而进行的修改。本节重点讲述后一种修改，即外向修改。

10.4.1　修改文章的重要性

文本与言语是两种不同的表述形态，文本是为了将作者的思想和旨趣保存下来，便于跨越时间和空间，进行深度传播，是一种更加正式、更加自觉的表述形态，因此，与言语不同的是，文本需要深度、反复地打磨，也就是修改。一篇文章，只有经过反复修改，才能让文字符合表述初衷，达到表达意图。

论文一经发表，便成为公共物品，供他人阅读、使用。而不经修改的作品，或多或少都存在不正确、不准确的观点和表述，一般是无法直接面世的，即使勉强发表，也很难达到写作初衷。

首先，想清楚与写清楚是两码事。词不达意是写作中常犯的错误，修改文章就是为了让文章的论述符合表达初衷。

其次，自己想的和大家想的也是两码事。有时候，作者对于事情的观察和判断往往会掺杂一部分个人的主观臆断，这样一来，文章就与实际情况有所出入，为此，有必要将文章先给同行阅读、批评。这是同行交流的重要内容之一，多一双眼睛，多一个视角，就会对文章有更客观的审视。

最后，文章必然要通过期刊发表出来，而每一个期刊对于其所刊载的文章都有一定规范、格式和体例等方面的要求。因此，编辑部一般也会提出相应的修改意见。

因此，作者必须端正心态，修改文章再正常不过，不要排斥修改文章，而应该将修改视为学术写作中必不可少的环节，尤其是当编辑部提出修改意见时，作者应该尽可能地配合修改，毕竟这些意见都是出于完善文章的考虑而提出来的，而最终文章署名的是作者，修改后受益的也是作者。退一步说，假如编辑由于知识范围、学科立场等原因，可能提出一些建设性不足的修改建议，作者也完全可以指出来。这些本来都是正常的学术交流，文章也正是在这些来来回回的学术讨论中精益求精的。

10.4.2　文章优化四步走

作者在写作的过程中，心中想的主要是如何尽快把文章写完，而一旦写完文章，作者就应该想着如何把文章改好。换句话说，作者在修改文章的过程中，应该树立一个中心思想：论文的核心目标在于阐述清楚论点，因此，所有对文章的修改都应该服务于这个核心目标，凡是与阐述论点有关的、有助于阐述论点的部分，统统保留，并进一步深化、提升，凡是与阐述论点无关的部分都应该删除。

有时候编辑部希望作者删除部分篇幅，作者往往抱有抵触情绪。实际上，删减篇幅也是一个挤水分的过程，很多看起来非写不可的东西并不一定非得保留，有些内容虽然在收集材料、研究过程中花费了很大的力气，但是假如它与中心论点无关，或者写得过分冗余，那么，作者必须认真修改。从论文的性价比上考虑，假如能用1000字讲清楚的内容，作者最后却用了10 000字，实际上，这大大降低了文章的传播效度。水分太多而营养不足的文章，读者大多不会买账。

至于如何具体修改，一般来说分为以下四步。

第一步，看文章的阐述是否完整，也就是说，是不是把需要讲述的论点、需要引用的材料、需要使用的图表等都写完整了。

第二步，看文章的表述是否清楚，也就是说，在完整表述的基础上，查看这些表述是否清楚、明了，是否符合事实，有没有做到实事求是。

第三步，看文章的表达是否到位，也就是说，在表述清楚的前提下，看文章的段落、句子是否把原本希望表达的意思都表达到位了，有没有说得过分或不足的地方，是否足够精准、恰当。

第四步，看文章的格式、注释是否规范，是否符合相关期刊的要求。

当然，每个人每篇文章的修改不一定机械地严格按照上面的四个修改步骤来进行，但是至少也要参考这四步修改目标。只有把这些修改做到位了，文章才会在发表的过程中顺风顺水。

值得一提的是，修改文章最好进行整体性修改，对文章自始至终、笼而统之、上上下下地进行整体性修改，而不要单单进行局部性修改。只进行局部性的小修小补，文章就会像打了补丁的衣服，扎眼、突兀不说，也未必能够达成修改初衷，甚至会出现上下文相冲突的情况。

本章小结

本章首先介绍学术期刊的分类，然后介绍了核心期刊的种类和期刊的评价指标，又介绍了编辑部的编发流程，编辑部的审稿标准，有效投稿的建议，以及如何配合编辑进行论文的修改，从而顺利投稿，重点掌握如何向合适的期刊投稿。

思考与练习：

1. 什么是核心期刊体系？国内的认可度较高的核心期刊体系有哪些？

2. 如何进行论文的有效投稿？

3. 结合自己的论文，选择合适的期刊进行投稿。

参 考 文 献

[1] 杜永红.乡村振兴战略背景下网络扶贫与电子商务进农村研究[J]. 求实，2019(03)：97-112.

[2] 温军，张森. 专利、技术创新与经济增长——一个综述[J]. 华东经济管理，2019，33(08)：152-160.

[3] 范和生. 返贫预警机制构建探究[J]. 中国特色社会主义研究，2018(01)：57-63.

[4] 张勋，万广华，张佳佳，何宗樾. 数字经济、普惠金融与包容性增长[J]. 经济研究，2019，54(08)：71-86.

[5] 颉茂华，王娇，刘远洋，殷智璇. 绿色供应链成本管理信息化的实施路径——基于伊利集团的纵向案例研究[J]. 管理案例研究与评论，2019，12(04)：431-448.

[6] 任芳，高欣. "一带一路"背景下的境外国有资产审计监管研究[J]. 会计之友，2018(24)：113-118.

[7] 白永秀，刘盼. 全面建成小康社会后我国城乡反贫困的特点、难点与重点[J]. 改革，2019(05)：29-37.

[8] 冯均科. 国家审计参与全面从严治党的可行性及路径选择[J]. 财会月刊，2019(06)：3-178.

[9] 杜永红. 联合审计对完善我国审计监管机制的启示[J]. 现代审计与经济，2019(02)：10-15.

[10] 方福前，马学俊. 中国经济减速的原因与出路[J]. 中国人民大学学报，2016，30(06)：64-75.

[11] 田国强，赵旭霞. 金融体系效率与地方政府债务的联动影响——民企融资难融资贵的一个双重分析视角[J]. 经济研究，2019，54(08)：4-20.

[12] 曹金飞. 金融冲击对企业产出的影响研究——基于中国上市公司面板数据[J]. 中央财经大学学报，2019(09)：35-45.

[13] 张曾莲，赵用雯. 政府审计能提升国企产能利用率吗？——基于2010—2016年央企控股的上市公司面板数据的实证分析[J]. 审计与经济研究，2019，34(05)：22-31.

[14] 任保平. 新时代中国特色社会主义政治经济学的理论阐释[J]. 中国高校社会科学，2018(04)：32-158.

[15] 罗伯特·默顿·索洛，经济增长理论：一种解说. 朱保华，译. 上海：格致出版社，2015.

[16] 林孔团, 蒋耀辉. 基于生态位调整视角的农产品品牌升级路径研究——以"茶油奶奶"为例[J]. 管理案例研究与评论, 2019, 12(05): 534-547.

[17] 杨华. 代际责任、通婚圈与农村"天价彩礼"——对农村彩礼机制的理解[J]. 北京社会科学, 2019(03): 91-100.

[18] 杜永红. 乡村振兴战略下的贫困地区可持续性发展研究[M]. 天津: 天津大学出版社, 2020.

[19] 王慧. 经济责任审计创新与发展研讨会综述[J]. 审计研究, 2019(02): 35-38.

[20] 鞠方, 李文君, 于静静. 房价、城市规模与工资性收入差距——基于中国 32 个大中城市面板数据的实证检验[J]. 财经理论与实践, 2019, 40(05): 95-101.

[21] 杜永红. 农产品智能供应链体系构建研究[J]. 经济纵横, 2015(06): 75-78.

[22] 沈玲. 学术论文摘要和结论的写作方法[J]. 现代情报, 2000(06): 59-60.

[23] 陈斐, 姚树峰, 徐敏. 学术论文摘要写作常见问题剖析[J]. 编辑之友, 2015(09): 77-80.

[24] 徐斌, 陈宇芳, 沈小波. 清洁能源发展、二氧化碳减排与区域经济增长[J]. 经济研究, 2019, 54(07): 188-202.

[25] 王雨磊. 学术论文写作与发表指引[M]. 北京: 中国人民大学出版社, 2017.

[26] 李倍雷. 学位论文写作及相关规范要求[J]. 艺术学研究, 2015(00): 279-288.

[27] 王德胜. 浅谈学位论文的撰写[J]. 学位与研究生教育, 2005(11): 1-4.

[28] 王顶明. 浅谈学位论文的规范性、基础性和学理性[J]. 中国研究生, 2019(03): 45-46.

[29] 陈玉仑教授《国家社科基金项目申报培训讲义》2019 年 7 月.

[30] 程茂勇教授国家社科项目《商业银行金融科技发展对经营风险的影响及对策研究》申报材料.

[31] 王智新教授国家社科项目《世界政治不确定对中国企业国际化动态选择及其创新的影响研究》申报材料.

[32] 祝兴平, 谭云明. 课题申报材料撰写要点[J]. 新闻与写作, 2010(10): 94-96.

[33] 张积玉. 学术论文写作与发表的几个问题[J]. 重庆大学学报(社会科学版), 2018, 24(01): 71-81.

[34] 周新年. 科学研究方法与学术论文写作[M]. 2 版. 北京: 科学出版社, 2019.

[35] 埃里克·阿约. 人文学科学术写作指南[M]. 北京: 新华出版社, 2017.

附录 1

国家社科基金年度项目申请书
填写范式

项目登记号		项目序号	

国家社会科学基金项目

申　请　书

学　科　分　类	用汉字填写一级学科，如：哲学
项　目　类　别	用汉字填写选定项目类别，如：一般项目
课　题　名　称	40 个汉字以下(包括标点符号) 不加副标题
申　请　人　姓　名	用汉字填写项目负责人姓名(一名)
申请人所在单位	用汉字填写单位名称，须与公章一致
填　表　日　期	填写实际填表日期

全国哲学社会科学工作办公室制

年　　月

课题负责人承诺：

我承诺对本申请书填写的各项内容的真实性负责，保证没有知识产权争议。如获准立项，我承诺以本申请书为有法律约束力的立项协议，遵守全国哲学社会科学工作办公室的相关规定，按计划认真开展研究工作，取得预期研究成果。全国哲学社会科学工作办公室有使用本申请书所有数据和资料的权利。若填报失实、违反规定，本人将承担全部责任。

课题负责人(签章) 手写签名

年　　月　　日

填 写 说 明

一、《申请书》请用计算机填写，所用代码请查阅《国家社会科学基金项目申报数据代码表》，所有表格均可加行加页，排版清晰。

二、封面上方两个代码框申请人不填，其他栏目请用中文填写，其中"学科分类"填写一级学科名称，"课题名称"一般不加副标题。

三、《数据表》的填写和录入请参阅《填写数据表注意事项》，相关问题可咨询当地哲学社会科学规划办公室。

四、《课题论证》活页与《申请书》中"二、课题设计论证"内容略有不同，请参阅表内具体说明。

五、《申请书》报送一式5份，统一用A3纸双面印制、中缝装订，《课题论证》活页夹在申请书内。各省(区、市)报送当地哲学社会科学规划办公室，新疆生产建设兵团报送兵团哲学社会科学规划办公室，在京中央国家机关及其直属单位报送中央党校科研部，在京部属高等院校报送教育部社科司，中国社会科学院报送本院科研局，军队系统(含地方军队院校)报送全军哲学社会科学规划办公室。

填写《数据表》注意事项

一、本表数据将全部录入计算机，申请人必须逐项如实填写。填表所用代码以当年发布的《国家社会科学基金项目申报数据代码表》为准。

二、《数据表》中粗框内一律填写代码，细框内填写中文或数字。若粗框后有细框，则表示该栏需要同时填写代码和名称，即须在粗框内填代码，在其后的细框内填相应的中文名称。

三、有选择项的直接将所选代码填入前方粗框内。

四、不具有副高级以上(含)专业职称或没有博士学位的申请人，须填写表五推荐人意见栏。

五、部分栏目填写说明：

课题名称——应准确、简明地反映研究内容，一般不加副标题，不超过 40 个汉字(含标点符号)。

关键词——按研究内容设立，最多不超过 3 个主题词，词与词之间空一格。

项目类别——按所选项填 1 个字符，例如，选"重点项目"填"A"，选"一般项目"填"B"，选"青年项目"填"C"等。

学科分类——粗框内填 3 个字符，即二级学科代码；细框内填二级学科名称，例如，申报哲学学科伦理学专业，则在粗框内填"ZXH"，细框内填"哲学伦理学"字样。跨学科课题填写与其最接近的学科分类代码。

所在省(自治区、直辖市)——按代码表规定填写。地方军队院校不按属地填写，一律填写"军队系统"。

所属系统——以代码表上规定的七类为准，只能选择某一系统。

工作单位——按单位和部门公章填写全称，如"北京师范大学哲学系"不能填成"北京师大哲学系"或"北师大哲学系"，"中国社会科学院数量与技术经济研究所"不能填成"中国社会科学院数技经所"或"中国社科院数技经所"，"中共北京市委党校"不能填为"北京市委党校"等。

课题组成员——必须是真正参加本课题的研究人员，不含课题负责人，不包括科研管理、财务管理、后勤服务等人员。

预期成果——最终研究成果形式，可多选，例如，预期成果为"专著"填"A"，为"专著"和"研究报告"填"A"和"D"。字数以中文千字为单位。结项成果原则上须与预期成果一致，如计划用少数民族语言或者外语撰写成果，请在论证中予以说明。

申请经费——以万元为单位，填写阿拉伯数字。申请数额可参考本年度申报公告。

一、数据表

课题名称	填写与封面相同的课题名称，40个汉字以下(包括标点符号)							
关键词	按研究内容设立。最多不超过3个关键词，词与词之间空一格。例：执政党　党内文化　创新文化							
项目类别	填写代码	A.重点项目 B.一般项目 C.青年项目 D.一般自选项目 E.青年自选项目						
学科分类	填二级学科代码	用汉字填写二级学科						
研究类型	填写代码	A.基础研究 B.应用研究 C.综合研究 D.其他研究						
课题负责人	填写现用名	性别	用汉字填	民族	用汉字填	出生日期	年　月　日	
行政职务	填代码	用汉字填	专业职称	填代码	用汉字填	研究专长	填代码	用汉字填
最后学历	填代码	用汉字填	最后学位	填代码	用汉字填	担任导师	填代码	用汉字填
所在省(自治区、直辖市)		填代码	用汉字填			所属系统	填代码	用汉字填
工作单位	用汉字填					联系电话	填数字	
身份证件类型			身份证件号码			是否在内地(大陆)工作的港澳台地区研究人员	(是/否)	

课题组成员	姓名	出生年月	专业职称	学位	工作单位	研究专长	本人签字

第一推荐人		专业职称			工作单位		

预期成果	填代码	A.专著 B.译著 C.论文集 D.研究报告 E.工具书 F.电脑软件 G.其他	字数(千字)	填数字
申请经费(单位：万元)		填数字	计划完成时间	填数字年填数字月填数字日

二、课题设计论证

本表参照以下提纲撰写，要求逻辑清晰，主题突出，层次分明，内容翔实，排版清晰。除"研究基础"填在表三外，本表内容与《活页》内容一致。

1. [选题依据]　国内外相关研究的学术史梳理及研究动态；本课题相对于已有研究的独到学术价值和应用价值等。

2. [研究内容]　本课题的研究对象、总体框架、重点难点、主要目标等。

3. [思路方法]　本课题研究的基本思路、具体研究方法、研究计划及其可行性等。

4. [创新之处]　在学术思想、学术观点、研究方法等方面的特色和创新。

5. [预期成果]　成果形式、使用去向及预期社会效益等。

6. [参考文献]　开展本课题研究的主要中外参考文献。

一、选题依据

(一) 国内外相关研究的学术史梳理及研究动态

1. 国内相关研究的学术史梳理及研究动态

2. 国外相关研究的学术史梳理及研究动态

(二) 本课题相对于已有研究的独到价值

1. 独到学术价值

2. 独到应用价值

二、研究内容

(一) 本课题的研究对象

(二) 本课题的研究总体框架

(三) 本课题的研究重点难点

1. 本课题的研究重点

2. 本课题的研究难点

(四) 本课题的研究主要目标

三、思路方法

(一) 本课题的研究基本思路

(二) 本课题的具体研究方法

(三) 本课题的研究计划

(四) 本课题的研究可行性

四、创新之处

(一) 学术思想特色和创新

(二) 学术观点特色和创新

(三) 研究方法特色和创新

五、预期成果

(一) 成果形式

(二) 成果使用去向

(三) 成果预期社会效益

六、参考文献

(一) 中文主要参考文献

1. 某某《成果名称》(成果形式)(发表刊物或出版社名称)(发表或出版时间)

2. 某某《成果名称》(成果形式)(发表刊物或出版社名称)(发表或出版时间)

......

10. 某某《成果名称》(成果形式)(发表刊物或出版社名称)(发表或出版时间)

(二) 外文主要参考文献

1. 某某《成果名称》(成果形式)(发表刊物或出版社名称)(发表或出版时间)

2. 某某《成果名称》(成果形式)(发表刊物或出版社名称)(发表或出版时间)

......

10. 某某《成果名称》(成果形式)(发表刊物或出版社名称)(发表或出版时间)

三、研究基础和条件保障

本表参照以下提纲撰写，要求填写内容真实准确。

1. [学术简历]　课题负责人的主要学术简历、学术兼职，在相关研究领域的学术积累和贡献等。

2. [研究基础]　课题负责人前期相关研究成果、核心观点及社会评价等。

3. [承担项目]　负责人承担的各级各类科研项目情况，包括项目名称、资助机构、资助金额、结项情况、研究起止时间等。

4. [与已承担项目或博士论文的关系]　凡以各级各类项目或博士学位论文(博士后出站报告)为基础申报的课题，须阐明已承担项目或学位论文(报告)与本课题的联系和区别。

5. [条件保障]　完成本课题研究的时间保证、资料设备等科研条件。

一、学术简历

(一) 课题负责人主要学术简历

(二) 课题负责人学术兼职

(三) 课题负责人在相关研究领域的学术积累和贡献

二、研究基础

(一) 著作或论文或研究报告：《成果名称》(作者排序)(发表刊物或出版社名称)(发表或出版时间)

核心观点：

社会评价：

(二) 著作或论文或研究报告：《成果名称》(作者排序)(发表刊物或出版社名称)(发表或出版时间)

核心观点：

社会评价：

(三) 著作或论文或研究报告：《成果名称》(作者排序)(发表刊物或出版社名称)(发表或出版时间)

核心观点：

社会评价：

(四) 著作或论文或研究报告：《成果名称》(作者排序)(发表刊物或出版社名称)(发表或出版时间)

核心观点：

社会评价：

(五) 著作或论文或研究报告：《成果名称》(作者排序)(发表刊物或出版社名称)(发表或出版时间)

核心观点：

社会评价：

三、承担项目

承担各级各类科研项目×项

(一)《项目名称》(资助机构)(资助金额)(结项情况)(研究起止时间)

(二)《项目名称》(资助机构)(资助金额)(结项情况)(研究起止时间)

(三)《项目名称》(资助机构)(资助金额)(结项情况)(研究起止时间)

……

四、与已承担项目或博士论文的关系

(阐明已承担项目或学位论文(报告)与本课题的联系和区别)

五、条件保障

(填写完成本课题研究的时间保证、资料设备等科研条件)(客观条件)

说明：前期相关研究成果中的成果名称、形式(如论文、专著、研究报告等)须与《课题论证》活页相同，活页中不能填写的成果作者、发表刊物或出版社名称、发表或出版时间等信息要在本表中加以注明。与本课题无关的成果不能作为前期成果填写；合作者注明作者排序。

四、经费概算

	序号	经费开支科目	金额(万元)	序号	经费开支科目	金额(万元)
直接费用	1	资料费		5	专家咨询费	
	2	数据采集费		6	劳务费	
	3	会议费/差旅费/国际合作与交流费		7	印刷出版费	
	4	设备费		8	其他支出	
间接费用				合计		
年度经费预算	年份	年	年	年	年	年
	金额(万元)					

注：经费开支科目参见《国家社会科学基金项目资金管理办法》。

五、推荐人意见

推荐人须认真负责地介绍课题负责人的专业水平、科研能力、科研态度和科研条件，说明该课题取得预期成果的可能性，并承担信誉保证。

第一推荐人签字：　　　　　　　　　　年　　月　　日

第二推荐人签字：　　　　　　　　　　年　　月　　日

说明：符合申报资格的申请人不填写此表。本表须推荐者本人签字或盖章有效。

六、课题负责人所在单位审核意见

申请书所填写的内容是否属实；该课题负责人及参加者的政治和业务素质是否适合承担本课题的研究工作；本单位能否提供完成本课题所需的时间和条件；本单位是否同意承担本项目的管理任务和信誉保证。

科研管理部门公章　　　　　　　　　　　　　　单位公章

年　　月　　日　　　　　　　　　　　　　　　年　　月　　日

七、各省(区、市)、兵团社科规划办或在京委托管理机构审核意见

对课题负责人所在单位意见的审核意见；是否同意报全国哲学社会科学工作办公室送学科评审组评审；其他意见。

单位公章
年　　月　　日

八、评审意见

学科组人数		实到人数		表决结果	
赞成票		反对票		弃权票	
建议资助金额	主审专家意见		万元	学科评审组意见	万元

主审专家意见	1. 立项依据；2. 改进建议。 　　　　主审专家签字： 　　　　年　　月　　日
学科组意见	 　　　　学科组召集人签字： 　　　　年　　月　　日

附录2

国家社科基金年度项目活页填写范式

项目登记号	

项目序号	

国家社会科学基金项目通信评审意见表

评价指标	权重	指标说明	专家评分							
选题	3	主要考察选题的学术价值或应用价值，对国内外研究状况的总体把握程度	10分	9分	8分	7分	6分	5分	4分	3分
论证	5	主要考察研究内容、基本观点、研究思路、研究方法、创新之处	10分	9分	8分	7分	6分	5分	4分	3分
研究基础	2	主要考察课题负责人的研究积累和成果	10分	9分	8分	7分	6分	5分	4分	3分
综合评价		是否建议入围	A. 建议入围　　　B. 不建议入围							
备注										
评审专家(签章):										

说明: 1. 本表由通信评审专家填写，申请人不得填写。项目登记号和项目序号不填。

2. 请在"评价指标"对应的"专家评分"栏选择一个分值画圈，不能漏画，也不能多画，权重仅供参考；如建议该课题入围，请在"综合评价"栏A上画圈，不建议入围的圈选B。"备注"栏可简要填写需要说明的其他事项或不填写。本表须评审专家本人签字或盖章有效。

国家社会科学基金项目课题论证活页

课题名称：

本表参照以下提纲撰写，要求逻辑清晰，主题突出，层次分明，内容翔实，排版清晰。除"研究基础"外，本表与《申请书》表二内容一致，总字数不超过 7000 字。

1. [选题依据]　国内外相关研究的学术史梳理及研究动态；本课题相对于已有研究的独到学术价值和应用价值等。

2. [研究内容]　本课题的研究对象、总体框架、重点难点、主要目标等。

3. [思路方法]　本课题研究的基本思路、具体研究方法、研究计划及其可行性等。

4. [创新之处]　在学术思想、学术观点、研究方法等方面的特色和创新。

5. [预期成果]　成果形式、使用去向及预期社会效益等。

6. [研究基础]　课题负责人前期相关研究成果、核心观点等。

7. [参考文献]　开展本课题研究的主要中外参考文献。

一、选题依据

(一) 国内外相关研究的学术史梳理及研究动态

1. 国内相关研究的学术史梳理及研究动态

2. 国外相关研究的学术史梳理及研究动态

(二) 本课题相对于已有研究的独到价值

1. 独到学术价值

2. 独到应用价值

二、研究内容

(一) 本课题的研究对象

(二) 本课题的研究总体框架

(三) 本课题的研究重点难点

1. 本课题的研究重点

2. 本课题的研究难点

(四) 本课题的研究主要目标

三、思路方法

(一) 本课题的研究基本思路

(二) 本课题的具体研究方法

(三) 本课题的研究计划

(四) 本课题的研究可行性

四、创新之处

(一) 学术思想特色和创新

（二）学术观点特色和创新

（三）研究方法特色和创新

五、预期成果

（一）成果形式

（二）成果使用去向

（三）成果预期社会效益

六、研究基础

（一）著作或论文或研究报告：《成果名称》(作者排序)(是否核心期刊)

核心观点：

（二）著作或论文或研究报告：《成果名称》(作者排序)(是否核心期刊)

核心观点：

（三）著作或论文或研究报告：《成果名称》(作者排序)(是否核心期刊)

核心观点：

（四）著作或论文或研究报告：《成果名称》(作者排序)(是否核心期刊)

核心观点：

（五）著作或论文或研究报告：《成果名称》(作者排序)(是否核心期刊)

核心观点：

七、参考文献

（一）中文主要参考文献

1. 某某《成果名称》(成果形式)(发表刊物或出版社名称)(发表或出版时间)

2. 某某《成果名称》(成果形式)(发表刊物或出版社名称)(发表或出版时间)

……

10. 某某《成果名称》(成果形式)(发表刊物或出版社名称)(发表或出版时间)

（二）外文主要参考文献

1. 某某《成果名称》(成果形式)(发表刊物或出版社名称)(发表或出版时间)

2. 某某《成果名称》(成果形式)(发表刊物或出版社名称)(发表或出版时间)

……

10. 某某《成果名称》(成果形式)(发表刊物或出版社名称)(发表或出版时间)

说明：1. 活页文字表述中不得直接或间接透露个人信息或相关背景资料，否则取消参评资格。

2. 课题名称要与《申请书》一致，一般不加副标题。前期相关研究成果只填成果名称、成果形式(如论文、专著、研究报告等)、作者排序、是否核心期刊等，**不得填写作者姓名、单位、刊物或出版社名称、发表时间或刊期等**。申请人承担的已结项或在研项目、与本课题无关的成果等不能作为前期成果填写。申请人的前期成果不列入参考文献。

3. 本表须用A3纸双面印制中缝装订，一般为8个A4版面，《通信评审意见表》作为第一页。正文请用合适字号行距排版，各级标题可用黑体字。